Herwartz

Zu diesem Buch

Erziehung, Medizin, Technik, Dienstleistungen und Geschichtsschreibung – Ivan Illich hat quer zu den Disziplinen die großen Institutionen und Glaubenssätze der Moderne in Frage gestellt. In diesem Sammelband setzen sich Theologen, Politik- und Sozialwissenschaftler, Philosophen und Historiker mit den Thesen von Ivan Illich auseinander. Stephan H. Pfürtner, Sozialethiker aus Marburg, hat Wolfgang Huber, den Präsidenten des Evangelischen Kirchentages, den Theologen Dietrich Stollberg, Theodor Schiller, den ehemaligen Vorsitzenden der Jungdemokraten und Politikprofessor aus Marburg, den Historiker Ludolf Kuchenbuch und andere zu diesem Disput eingeladen. Zum erstenmal setzen sich Theologen in skeptischer Sympathie mit dem europäisch-amerikanischen Philosophen auseinander.

Wolfgang Huber stellt eine überraschende Nähe zu Dietrich Bonhoeffer fest: «Beide verbindet vor allem der Gedanke, daß sich der Kirche durch Einbuße an äußerer Macht neue Möglichkeiten eröffnen könnten ... beide nähern sich dem Gedanken einer radikalen Säkularität.»

«Illich gehört zu den Anwälten einer Hoffnung auf gelingendes gemeinsames Leben, die durch alle widrigen Erfahrungen nicht zum Verstummen gebracht wird.» (Wolfgang Huber).

«Illich ist Priester und betreibt ‹subversive› Kirchenarbeit. Er ist Theologe und vollzieht seine Gesellschafts- und Geschichtsphilosophie «gott-los», so «als ob es Gott gäbe» oder nicht gäbe. Er hat in seinen historischen und politischen Analysen allenthalben Karl Marx aufgenommen. Aber er hat ihn gründlich neu interpretiert. Er läßt sich nicht auf die Systematik der Marxisten festlegen. Man kann es so weiter durchdeklinieren, bis zu seiner Energiekritik und seiner Ironie gegenüber allem Allzu-Grünen.» (Stephan H. Pfürtner).

Von Ivan Illich bei rororo aktuell bisher erschienen:

5343

5246

1763

4425

4629

4834

4829

5131

Stephan H. Pfürtner (Hg.)

Wider den Turmbau zu Babel

Disput mit Ivan Illich

rororo

Rowohlt

rororo aktuell – Herausgegeben von Freimut Duve

Originalausgabe

Veröffentlicht im Rowohlt Taschenbuch Verlag GmbH,
Reinbek bei Hamburg, Oktober 1985

Umschlagentwurf Werner Rebhuhn (Foto: Ingo Bulla)
Gesamtherstellung Clausen & Bosse, Leck
Satz Times (Linotron 202)
Printed in Germany
1080-ISBN 3 499 15640 7

Inhalt

Vorwort

Die welt- oder gar planetengeschichtliche Bedrohung unserer Erde, in die wir uns durch Wissenschaft und Technologie, durch Wirtschaft und Politik hineinmanövriert haben, ist nicht zuletzt einer Experten- und Spezialistenmentalität zu verdanken. Diese brachte den Fachkundigen nur allzu oft mit der Konzentration auf ihr Arbeitsgebiet zugleich den Verlust an umfassenderen Perspektiven und die Einseitigkeit isolierter Gruppeninteressen. Allenthalben sind wir auf dem Gebiet der Theorie- und Praxisentwicklung in ein grundlegendes Dilemma geraten: einerseits den Prozeß der Arbeitsteilung und der damit geforderten Fachkundigkeit fortzusetzen und andererseits dieser Entwicklung mit ihren verheerenden Folgen entgegenzusteuern. Die Atomforschung bildet das bekannteste Beispiel dafür. Hervorragende Physiker und Technologen hatten sie mit großer Konzentration vorangetrieben und waren geschockt, als ihnen die Folgen in der Zerstörung von Hiroshima und Nagasaki vor Augen traten. Die globale Gefährdung des Weltfriedens durch Umweltschädigungen, durch energetische und soziale Ausbeutung, durch entfremdendes Bevölkerungswachstum und durch Militärtechnologie hat endgültig die Notwendigkeit sichtbar gemacht, daß nicht nur die Politiker, sondern auch die Wissenschaftler miteinander reden lernen.

Es ist leicht, den Protest gegen fragwürdiges Spezialistentum anzumelden oder gar gegen den «Fachidioten» zu polemisieren. Es hat sich jedoch als sehr schwer erwiesen – jedenfalls auf dem Gebiet der Wissenschaften –, einen kontinuierlichen Prozeß fächerübergreifender Forschungen in Gang zu bringen. Das «Studium generale» nach dem letzten Krieg und die Bemühungen um interdisziplinäre Forschungen der vergangenen Jahrzehnte bestätigen die Aussage. Gleichwohl verlangt die Spezialisierung der Wissenschaften heute mehr denn je die fachübergreifende Auseinandersetzung. Dabei geht es nicht um die Lust an größeren Erkenntniszusammenhängen, sondern um die Verantwortung für das gemeinsame Überleben!

Ivan Illich hat sich auf internationaler Ebene in diese Verantwortung begeben. Er hat dabei riskiert, große Gebiete unseres öffentlichen und wissenschaftlichen Lebens, wie etwa das Schul- und das Gesundheitswesen oder die Energieversorgung, mit grundlegenden Fragen zu konfrontieren, ohne selbst professioneller Experte in den betreffenden Bereichen zu sein. Schon deshalb wurde er, jedenfalls im deutschsprachigen Raum, von vielen «Fachleuten» als kaum ernst zu nehmender «Außenseiter» eingestuft. Die Außenseiter-Rolle haftet ihm nicht zuletzt auch deshalb an, weil er es bisher mit Beständigkeit ablehnte, sich von machtverleihenden

Institutionen oder Systemen vereinnahmen zu lassen, angefangen von seiner Kirche über die Universität bis hin zu politischen Bewegungen oder Parteien.

Dennoch waren verschiedene Marburger Professoren der Auffassung, daß Illich sich als bedeutender «Anreger» ihrer eigenen Fachgebiete auf interkultureller und internationaler Vergleichsebene erwiesen habe und daß es sich auch für Lehre und Forschung im Rahmen der Universität lohne, sich mit seinen gesellschaftlichen Analysen sowie mit seinen herausfordernden Theorie-Impulsen auseinanderzusetzen. Durch wohlwollende Förderung von Prof. Dr. Walter Kröll, dem Präsidenten der Marburger Philipps-Universität, gelang es, Ivan Illich für eine Gastprofessur im Wintersemester 1983/84 einzuladen und mit ihm in einen intensiven, fächerübergreifenden Diskurs zu treten. Vertreter der Erziehungs- und der Politikwissenschaften sowie der Theologie hatten ursprünglich den Plan getragen. Zu ihnen gesellten sich bei seiner Durchführung Kollegen/-innen anderer Fachgebiete, wie der Medizin, der Physik, der Geschichts- und Sprachwissenschaften. In öffentlichen Seminaren und Kolloquien sowie in nachfolgenden Gesprächsrunden entwickelte sich unter aktiver Teilnahme von Studenten und Studentinnen ein lebhafter Austausch zu den jeweils thematisierten Problemfeldern. Nicht jedes geplante Zusammentreffen gelang. Andere – oft ungeplante – Begegnungen wurden für die Teilnehmer zu einer inspirationsreichen Erfahrung.

Die offene Denk- und Sprachbewegung, die dabei entstand, machte den Beteiligten nicht selten deutlich, daß sie sich durch kritische Fragen «von außen» herausfordern lassen müssen, um entscheidende Probleme ihrer eigenen Fachfelder überhaupt wahrzunehmen oder neu sehen zu können.

Der Prozeß der gemeinsamen Suche ließ sich nicht schriftlich fixieren. Die nachfolgenden Beiträge vermögen ihn nicht einzufangen. Gleichwohl waren die Beteiligten der Meinung, es lohne sich, eine breitere Öffentlichkeit wenigstens auf ihn aufmerksam zu machen. Dabei gehört es zu der Art, in der der Diskurs stattgefunden hat, daß die Artikel von mir keiner herausgeberischen Korrektur unterworfen wurden. Es schien mir wichtiger, die Eigenverantwortung jedes Referenten unangetastet zu lassen und seiner individuellen Darstellung voll Rechnung zu tragen, als eine glatte Textform zu erreichen.

Marburg, im Juli 1985 — Stephan H. Pfürtner

I
Als Christ und Theologe

Theologie als kritisches Instrument

«Ich will als Christ sprechen: aber auch als Theologe. Ich verwende meine theologischen Kenntnisse, um aus meiner kulturgeschichtlichen Analyse jene Voraussetzungen auszuklammern, die aus meinem Glauben in sie hineingetragen werden könnten. Meine Ausführungen sollten verständlich und überzeugend sein ohne Bezug auf meinen Glauben.»

Ivan Illich

Dank an die Gastfreunde

Die Gastfreundschaft, die mir im Wintersemester 1983/84 zuteil wurde, war für mich ein überraschendes Geschenk. Denn solche Gastgeber, wie die sieben Kollegen aus verschiedenen Marburger Fakultäten, die sich mit ihren Studenten einen Sommer lang auf unser Gespräch vorbereitet hatten, hätte ich zu wünschen nie gewagt. Mit kritischem Wohlwollen wurde jeden Mittwoch bei und nach der Vorlesung, am Donnerstag im Kolloquium und dann gesellig bis in die späte Nacht um meine absonderlichen Thesen gerungen. Ich bin diesen Kollegen, meinen Studenten und unseren Gästen zutiefst dankbar für ihre Aufmerksamkeit, denn durch sie bin ich in meinem Studium zu einer Wende gekommen.

Ende September hatte ich meinen Studenten versprochen, die von mir wöchentlich verfaßten und von Frau Gudrun Bach auch gleich getippten «Nachschriften» der soeben gehaltenen Vorlesungen zu veröffentlichen.

Den Leser dieses von Stephan H. Pfürtner herausgegebenen Sammelbandes mag die Methode und vielleicht auch die Unmittelbarkeit meiner «Nachschriften» interessieren. In einer leicht gekürzten Fassung bringe ich daher die ersten beiden zur Veröffentlichung. Allerdings muß ich anmerken, daß die knapp gehaltenen «Nachschriften» nicht die außergewöhnliche Vorbereitung und Diskussionsbereitschaft meiner Zuhörer, die mir eine sehr intensive Vortragsweise erlaubt hatten, zum Ausdruck bringen. Vortrag und Diskussion hatten mich angeregt, zu jedem der besprochenen Themen sehr viel mehr zu bieten, als im Kurs hatte angesprochen werden können. So sind diese «Nachschriften» für mich Ausgangspunkte zu wesentlich umfangreicheren Schriften jener Geschichte der Knappheit, der mein Studium seit vielen Jahren dient.

I. I.

Ivan Illich

Einführung in die Kulturgeschichte der Knappheit[1]

1. Das Lebensgefühl der Knappheit

Das Erlebnis einer einzigartigen *angustia*, die ich als *Knappheit* bezeichne, bestimmt das Lebensgefühl des *kriegenden Menschen*.

Dieses Erlebnis soll durch meine Lehre dadurch erfahrbar und begrifflich faßbar gemacht werden, daß wir uns mit der Kulturgeschichte dieses Erlebnisses befassen.

Gesamtthema ist also die historische Gestalt der *angustia*, insofern diese einmalig und charakteristisch ist für unsere Zeit. Begriffe sollen erarbeitet werden, mit denen die *angustia die Neuzeit* so prägt, daß sie mit anderen Epochen und Kulturen nicht vergleichbar ist. Diese Begriffe sollen deshalb auf dem «langen Umweg» (im platonischen Sinne) neuzeitliche triviale Selbstverständlichkeiten dem Lebensgefühl einer vergangenen Epoche gegenübergestellt werden. In dieser Gegenüberstellung habe ich vor, dem 12. Jahrhundert (besonders seiner Mitte) eine privilegierte Stellung zu geben; und zwar aus folgenden Gründen:

1. Ich glaube, Zugang zu dieser Periode zu haben, und kann vielleicht andere neugierig machen und ihre ersten Annäherungsversuche unterstützen.
2. In der Wahl einer mit unserer Zeit kontrastierenden Wirklichkeit setzte ich ein Subjekt, das sich mit historischer Methode fassen läßt, über eines, das ich anthropologisch oder religionswissenschaftlich angehen müßte.
3. Im Übergang vom 11. bis 13. Jahrhundert glaube ich keimhaft die Herausbildungen jenes Lebensgefühls zu beobachten, das für die westlich/christliche *angustia* bestimmend ist.
4. Dieser Zeitabschnitt eignet sich besonders, um die Funktion der Kirche in der Durchsetzung dieser *angustia* zu erforschen.

Die Gegenüberstellung von industriezeitlicher Selbstverständlichkeit (z. B. die Notwendigkeit von Transportmitteln für Menschen) und den Selbstverständlichkeiten der sonst überall das Lebensgefühl bestimmenden «conditio humana» in diesem Semester hat

- weder den Hauptzweck einer Sozialkritik an unseren Lebensbedingungen,
- noch den einer Einführung in die Geschichte des westeuropäischen Kontinents um 1150,

sondern sie dient dem Versuch einer Begriffsbildung, durch die Geschichtlichkeit und – gleichzeitig – die inhumanitas unserer sozialen Daseinsvoraussetzungen analysiert werden könnten.

Ich glaube, in meinem Buch ‹*Genus*› ein epistemologisch-heuristisches Werkzeug für diese Analyse beschrieben zu haben. Mit meinen Vorträgen möchte ich dieses Instrument verständlich machen. Und dabei will ich folgendermaßen vorgehen:

Ich will die Gegenüberstellung von damals und heute, von *conditio humana* und *angustia* so vollziehen, daß dem Zuhörer die Irrelevanz unserer Wörter – sowohl der Schlüsselwörter in unserer Umgangssprache wie der Termini in den Fächern der Sozialwissenschaften – deutlich wird. Und aus (dieser sprachlichen Aporie) dieser Sprachlosigkeit vor einem deutlich gesehenen Gegensatz will ich ihm dann mit der – vielleicht oft stammelnden Unterscheidung zwischen «genus» und «sexus» helfen.

Heilsgeschichte / Kulturgeschichte

Ich will als Christ sprechen: aber auch als Theologe. Ich verwende meine theologischen Kenntnisse, um aus meiner kulturgeschichtlichen Analyse jene Voraussetzungen auszuklammern, die aus meinem Glauben in sie hineingetragen werden könnten. Meine Ausführungen sollten verständlich und überzeugend sein ohne Bezug auf meinen Glauben.

Das Dorf, das ich beschreibe, hat nachprüfbar die Lage und Gestalt, die ich vermittle. Es ist nicht nötig – und vielleicht nicht möglich – daß Zuhörer das Dorf mit mir von einer Bergspitze aus betrachten ... oder daß sie mit mir wochenlang da oben im Nebel sitzen. Im Gegensatz zu meinen philosophischen Ausführungen, die allgemein verständlich sein sollten, bin ich – und ist der Zusammenhang, in den ich diese Ausführungen stelle – nicht verständlich, außer für den, der es wagt zu sagen «ich bin offen da zu sein etsi daretur» (vgl. Pfürtner in diesem Band).

Kulturgeschichte des Übels?

Schon Aristoteles kannte den Gegensatz von Möglichem und Wirklichem: so hat schon das westliche Altertum das Nur-denkbare zum Gegenstand der Forschung machen können: das Mögliche wurde den

Gesetzen der Logik unterworfen, seiner Unheimlichkeit entzogen und in die denkbare Diesseitigkeit einbezogen. Damit wurde auch das Übel, das Böse ans Licht gezerrt – selbst mit der Willkür der Götter konnte die Vernunft jetzt ringen.

Diese logische Verfassung des Seins – und damit auch des Übels – sprengt das christliche Denken durch die ontische Verfassung einer aus dem Nichts geschaffenen und zum Vergehen bestimmten Welt, die nur durch den göttlichen Willen im Sein gehalten wird.

Kontingenz als gelebtes, selbstverständliches Postulat des Denkens war ein spezifisch christlicher Beitrag zum Lebensgefühl des Mittelalters. Da wäre viel zu sagen, aber hier kommt es mir nur auf die Bedeutung der Kontingenz für das Denken über das Übel an.

Kirchengeschichte und Knappheitsgeschichte

Es wird sich ergeben, daß in meiner Sicht die neuzeitliche *angustia* ein Erbe ist, das die moderne Gesellschaft von der Kirche angetreten hat. Nur ein Verständnis für gesellschaftliche Veränderungen, die von der Kirche in zehn Jahrhunderten betrieben und oft auch durchgesetzt wurden, läßt die Umstülpung der Kontingenz zur neuzeitlichen Staats-Bedürftigkeit verstehen.

Aber ebensowenig, wie ich hier Heilsgeschichte betreiben will, also Ecclesiologie, ebensowenig will ich Kirchengeschichte betreiben, genauer, mich mit der Beziehung der Kirche Christi zum mysterium iniquitatis befassen. Dieses Thema scheint mir wichtig für die betende Betrachtung des Gläubigen. Es scheint mir möglich, wichtig und schwierig für den Theologen, und es soll vorsichtig von unserem Kurs ausgegrenzt bleiben.

Das heißt aber nicht, daß ich mich scheuen werde, die Tatsache «Kirche» im 12. Jahrhundert auszuklammern. Auch werde ich vorsichtig zu betonen suchen, wie diese Kirche zeitgenössisch verstanden und dargestellt wurde. Aber eine solche Geschichte der Frömmigkeit, der Andacht, der Feier, des Verständnisses von Kirche und Glauben sind bestenfalls Prolegomena für eine Theologie, die in ihnen eine Bereicherung für Offenbarungsverständnis suchen würde.

Obwohl also für mich in meiner Perspektive die Geschichte der Verweltlichung der Kirche und die Entstehungsgeschichte der endzeitlichen Verknappung der Welt zusammenfallen, will ich mich auf die Kulturgeschichte der Knappheit beschränken.

Die Gegenüberstellungen, von denen ich in meiner Analyse ausgehe, sind unpopulär:
- Reichweiten des Genus / Weltherrschaft von Sexus
- vernakuläre Kultur / warenförmige Zivilisation
- Mündlichkeit / Schriftlichkeit

sind einige wenige dieser analytischen Dualitäten, die viele von Ihnen aus meinen Schriften kennen.

In jedem der konkreten Bezüge, auf die diese Begriffspaare passen sollen, setzten sie einen Gegensatz voraus, ein «Damals» und Jetzt-Zeit: also einen Bruch. Jetzt, in diesem Semester, möchte ich mich ausdrücklich mit diesem Umbruch, dieser Bruchlinie befassen. Vielleicht wäre es bildhafter, von einer Umstülpung zu sprechen: weniger anstößig, aber auch radikaler. Denn wenn ich einen Sack umstülpe, dann sehe ich ja förmlich, daß es sich hier um einen Vorgang handelt, der Zeit braucht, hier schneller, dort langsamer vor sich geht und als Resultat nicht zwei Teile, sondern eine Verkehrung ergibt.

Die Verknappung, von der ich spreche, können Sie sich als so eine Umstülpung der Gesellschaft vorstellen. Ich will über zeitliche Großräume in Westeuropa blicken, um von dieser Umstülpung in jenem Zusammenhang zu sprechen, in dem sie zum erstenmal in der Geschichte beobachtet werden kann. Ich habe aber diesen Vorgang im Zeitraffertempo in meinem eigenen Leben beobachtet, in Ländern, wo seit dem Zweiten Weltkrieg sogenannte Entwicklung erfolgreich war. Da wurde oft in einem Jahrzehnt die zugängliche Welt so zersiedelt, daß aus homo automobilis im Handumdrehen ein beförderungsbedürftiger Krüppel gemacht wurde – der mit Begeisterung seine eigene Verkrüppelung weitertreibt.

Ich kann einfach nicht von dieser Verkehrung im Lebensgefühl sprechen, ohne den Versuch zu machen, vom Bruch mit der Vergangenheit oder «der» Umstülpung etwas zu sagen; und das ist noch ganz besonders so, wenn die Verkehrung etwas ist, was unsere «verkehrte» Welt von allen anderen Daseinsformen unterscheidet. Zugang von einem Ort zum anderen war nie knapp. Er kann verstellt werden, gefährlich, mühsam. Aber wenn *einer* dahin will, können andere mitkommen. Man schließt sich zusammen, wenn man geht: man geht sich gegenseitig nichts ab. Das ist ganz anders in unserer durch den Verkehr zersiedelten Welt. Eine beförderungsbedürftige Menschheit wendet 25 % ihrer Zeit auf, um Verkehrsmittel zu schaffen oder zu betreiben. Un-zu-gänglich wird die Umwelt, um Zufahrtsstraßen zu schaffen. All das ist im Laufe der letzten zehn Jahre viel besprochen worden. Was aber immer noch übersehen wird, ist der Zusammenhang zwischen dieser Verkehrung der Welt und der Durchsetzung von Knappheit. Um zu gehen, brauche ich nichts zu «kriegen» – in einer zugänglichen Welt ist meine Fortbewegung meine Sache: Zugang kann verstellt sein, meine Reichweite begrenzt, aber meine Fortbewegung ist nicht knapp. Wenn ich gehe, dann «krieg» ich nichts, was du beim Gehen nicht auch tun könntest. Das ist nicht so bei der Beförderung im «Verkehr». Verkehr ist «kontingent» in bezug auf ein technisch-wirtschaftliches System. Sitzplätze mögen noch so reichlich sein, dem Wesen nach sind sie Produkte, Waren, knapp. Entweder du oder ich – wenn schon fünf im Auto sitzen! In diesem fundamentalen Sinne spreche ich von der Verknappung der Fortbewegung durch den Verkehr. Unvermeidlich stelle ich die Existenz in einer zugänglichen Welt unserer Existenz gegenüber – und frage, wann, wo und wie es zu dieser Verkehrung kam.

Kaum tu ich das, werd ich höhnisch gefragt, wo ich denn den «Sündenfall» ansetzte: bei der Erfindung des Kahns, der Eisenbahn oder der Rakete. Die Idee selbst, daß ich unsere Welt im Vergleich mit allen anderen Welten als «verkehrt» bezeichne, wirkt erst dann aufschreckend, wenn wir uns daranmachen, konkret nach der Geschichte dieser Verkehrung zu fragen.

Aus Erfahrung weiß ich, wie peinlich Zeitgenossen sich berührt fühlen, wenn sie zum erstenmal den existentiellen Bruch begreifen, der sie im Vergleich zu der Conditio humana zu hilflosen Monstern macht. Immer wieder habe ich mich und andere dabei ertappt, in dann schon zerbröckelnden Ideologien Ausflucht zu suchen. In diesem Semester – wie schon gesagt – bleibt «Sündenfall» ausgeklammert. Nicht, weil es ihn nicht gäbe; sondern weil das Studium der Eschatologie in die Theologie gehört. Wir hier suchen nach Begriffen, mit denen sich jene Umstülpung, aus der unsere verkehrte Welt entstanden ist, nicht nur idealtypisch – und dann statisch –, sondern als Geschichte, bis in die kleinsten Schritte hinein, verfolgen läßt.

Das Paradies – als Vorwurf

Ein zweiter Vorwurf, der mir immer wieder gemacht wird, ist, ein Romantiker zu sein: ins Paradies möchte ich zurück! Ins Paradies der Zisterzienser, ins Paradies des heilen Dorfes in Mexiko, ins Paradies der geschlechtsspezifischen Aufgabenteilung oder des Patriarchates.

Bestimmt will ich das nicht, einfach schon deshalb, weil es kein

Zurück gibt. Aber ich will mich durch diesen Verdacht gegen mich auch nicht davon abbringen lassen, Unvergleichbares ungleich zu bewerten. Davon werden wir oft sprechen.

Zur Geschichte des «Kriegens»

«Kriegen» ist geschichtlich eines der merkwürdigsten Wörter unserer Sprache: mit mehreren dunklen Stellen in seiner Geschichte. Kriegen, das heißt sowohl streiten wie bekommen. Die beiden Kriegen, die wir haben, sind, obwohl jetzt und schon lange geschieden, doch geschichtlich nicht zu trennen. Der Vortritt gebührt dem Kriegen im älteren Mittelhochdeutsch, in dem es sowohl ein starkes wie ein schwaches Zeitwort dieses Wortlautes gab, beide mit der Bedeutung, sich anstrengen, zwingen, streben, kämpfen, überwinden. In diesem Sinn ist das Wort KRIEGEN schon lange ungebräuchlich – überlebt nur in Zusammensetzungen, wie «sich be-kriegen». Kriegen heißt heute nur mehr etwas Passives: bekommen, gewinnen. Und schon Grimm stellt fest, daß im Sprachgefühl seiner Zeit kein unmittelbarer Zusammenhang zwischen den beiden Wörtern bestand.

Geschichtlich aber ist das nicht so. «Geld muß beim Krieger sein, man kennet ihn vom Kriegen; – weil er oftmals kriegt, auch außer Schlacht und Siegen, was andern zugehört» (Osiander), und Luther sagt ähnlich «Du wirst Kriegens genug kriegen». Das wird verständlich, wenn wir bedenken, daß man bis ins 17. Jahrhundert den Sieg erkriegte.Ich möchte die Begriffe schaffen, die erklären, woran wir genug gekriegt haben.

2. Pilgernder und kriegender Individualismus

Befremdung als Disziplin

Ich will verschiedene Seiten der Knappheit untersuchen: jenes handlungsbestimmenden Gefühles, das uns durch die neuzeitliche Gesellschaft eingefleischt wird. In jeder Vorlesung will ich eine andere Komponente dieser verhaltensregelnden Grundstimmung zum Thema machen: das Objekt immer wieder umkreisen. Sie können sich unser Vorgehen wie sechs Bergtouren zum selben Gipfel oder wie sechs Ritte auf dem Besenstiel um denselben Brocken vorstellen. Vielleicht werden einige unter Ihnen sogar eher meinen, sie seien auf einem Abstieg in ein Inferno, immer wieder in dasselbe Loch, aber jede Woche auf einer anderen Wendeltreppe. Im Vortrag, heute morgen, habe ich von diesem Vordringen zu den Grundaxiomen der verknappenden Gesellschaftsordnung, die den «kriegenden Menschen» hervorbringt, als das Eindringen in eine Zwiebel gesprochen. Von Schale zu Schale arbeite ich mich vor zum Keim, aus dem diese Schalen gewachsen sind: von der Beschreibung des sichtbaren und aufdringlichen Verkehrsnetzes zur Wahrnehmung des verkehrsbehinderten Menschen, zur eingefleischten Annahme, daß Menschen von Natur aus beförderungsbedürftig sind; zur Ideologie des beförderungsberechtigten Menschen, bis ich endlich zum Kern komme: zum Postulat, daß Fortbewegung – so wie jede andere Bedürfnis-Befriedigung – von der individuellen Zuteilung – dem «Kriegen» knapper Verkehrsmittel abhängig ist. Jedesmal wird mein Vortrag um Texte, Bilder, Sachen aus dem 12. Jahrhundert kreisen: Heute um den Aufbruch des Jakobspilgers, der sich mit ein paar Groschen auf den Weg macht. Nicht genaues Wissen um diesen toten Menschen will ich vermitteln, sondern Ihnen eine Vorstellung von ihm geben. Es genügt mir, wenn Sie vor diesem Bild dann stutzen; wenn Sie einsehen, wie unzulänglich Ihre Begriffe, Ihre Gefühle, Ihr Erlebnis der eigenen Leibhaftigkeit sind, um die von mir besprochene Vergangenheit zu fassen. Diese gezielte Fassungslosigkeit möchte ich dann, jeden Mittwoch, vorsichtig schüren. Denn wenn es mir gelingt, Ihre wohlverfaßten Selbstverständlichkeiten ins Wanken zu bringen, weil sie augenfällig am Jakobspilger nicht greifen, sind Sie vielleicht in der rechten Stimmung, um sich durch die uns gewohnte Alltagswirklichkeit verblüffen zu lassen. Anstatt nur von der Unbrauchbarkeit unserer beförderungsbezogenen Begriffe auf den Pilger zu sprechen, lade ich Sie dann jeden Mittwoch zu einem Gedanken-Experiment ein: heute zum Beispiel zum Versuch, einen Jakobspilger über die Unbewohnbarkeit und die Unzulänglichkeit unserer zersiedelten Landschaft aufzuklären.

In meiner Vorlesung, die sich mit dem Wandel des Pilgerideals in der Mitte des 12. Jahrhundert befaßt, will ich nicht Geschichtsunterricht geben. Ich bin kein Sperrmüller der Texte aus dem 12. Jahrhundert, der sich aus dem Abfall der Vergangenheit Modelle baut, die ihm «beweisen», daß jene Gesetze, mit denen er die Gegenwart vergewaltigt, schon immer gültig waren. Und ich kann mich hier auch nicht als Jäger benehmen, der sich – wie Carlo Ginsberg das schön sagt – mit Spurensicherung beschäftigt. Ich spreche vom Pilger, damit Sie, die Sie alle gewohnheitsmäßig Fahrgäste sind, mit gepflegter Befremdung auf Ihr eigenes Beförderungsbedürfnis gucken.

Und doch hoffe ich, zur Kenntnis der Geschichte beizutragen: ein klares Bewußtsein darüber, was es sicherlich im 12. Jh. *nicht* gab. Es war ein pilgerndes Jahrhundert – aber Fahrgäste gab es keine – außer Passagiere auf Fährten: das ist ein Unterschied, der sozusagen sich auf die Außenschale unserer phänomenologischen Zwiebel bezieht. Bei diesem Kontrast will ich mich aber gar nicht aufhalten; er ist mir viel zu generisch und oberflächlich. Er stellt einen Unterschied zwischen unserer zerfahrenen Welt und allen anderen Welten dar. Ich spreche deshalb vom Pilgern nur insoweit, als es nötig ist, um an das *Aufbrechen* zur Pilgerschaft heranzukommen. Es gibt vielerorts herumziehendes Volk: der Pilger hat eine Sonderstellung, ob er nun nach Mekka, dem Himalaya oder Jerusalem aufbricht. Aber auch das, was den Pilger von anderen Fremden typisch unterscheidet, ist mir heute Nebensache. Sosehr ich davon sprechen möchte, kann ich mich auch nicht bei der Gegenüberstellung des ostchristlichen Wanderers und des westchristlichen, zielstrebigen Pilgers aufhalten. Am Pilger des 12. Jahrhundert wollen wir die Bewertung des Individualismus verstehen lernen und die Verinnerlichung dieser Individualität im Laufe des Jahrhunderts. Aus diesem Verständnis heraus läßt sich dann die Einzigartigkeit des innerweltlichen – und schon deshalb «kriegenden» – Individuums begreifen, das unserem Denken über Gesellschafts-Ordnung zugrunde liegt.

Allerseelen und St. Jost

Heute ist Allerseelen. Das ist der Tag, an dem die Kirche seit dem 15./16. Jahrhundert aller jener Toten gedenkt, die ihre Pilgerschaft in die Ewige Heimat noch nicht abgeschlossen haben. Am 1. November, Allerheiligen, werden all die ungenannten, unbekannten, nichtkanonisierten, nirgends auf einem Altar verehrten Heiligen im Himmel gefeiert – und dann, am Tag drauf, heute, wird derer gedacht, die noch immer unterwegs sind, aber nicht mehr auf Erden. Um den Tag zu feiern, bin ich beim Morgengrauen auf den Schloßberg gestiegen. Beim Aufstieg zur Burg trat der Versucher an mich heran:

«Es ist doch eine Schande, wenn du heute zu deinen Studenten nicht über Allerseelen sprichst: Du willst doch vom Pilger sprechen. Erzähle ihnen also, wie dem Pilger im 13. und im 15. Jahrhundert das Diesseits, das, was wir Europa nennen, zu klein geworden ist. Erzähle ihnen, wie jenseits von Campostella (das heißt doch auf spanisch die ‹Sternen-Halde›) Traumreisen unternommen wurden und dabei jene Insel entdeckt worden ist, auf der der Erdenpilger nach seinem Tod seine Pilgerschaft im Fegefeuer fortsetzen kann, um später mal geläutert in den Himmel einzugehen. Deinen Studenten nicht von der ‹Entdeckung› des Fegefeuers zu sprechen, wäre doch dumm, heute. Du müßtest ihnen erklären, wie die Seele des Verstorbenen – die ganz individuelle Seele – und die Sorge um sie zum Thema wurden. Du solltest deinen Hörern auch andeuten, wie sich die Seelsorge im 13. Jahrhundert ins Jenseits zu erstrecken begann – wie die Psychotherapie des Ablaßwesens. Laß sie doch den Zusammenhang verstehen zwischen der Herausbildung der individuellen Seelsorge im Diesseits durch die Beichtpflicht, die sich im späten 12. Jahrhundert durchsetzt, und der Zuwendung an die Seelen individueller Verstorbener von meßbaren Ablässen – Gnaden aus dem Schatz, der schon im Diesseits der Kirche zur Verfügung steht. Einzelseelen im Jenseits, die als hilfsbedürftige Pilger am Läuterungsort schmachten – wie willst du besser deinen Hörern über das Entstehen des veranstalteten, des institutionsbezogenen Individuums sprechen?» So war ich heute versucht, mich vom Diesseitigen zum Jenseitigen ablenken zu lassen. Diesen Versucher habe ich bei seinen Hörnern gepackt. Ad hominem oder ad diabolum habe ich ihm geantwortet: «Es ist deine Schuld, wenn ich damit meine Vorlesungen nicht beginne! Du bist schuld daran, daß die Mehrzahl meiner Zuhörer keine ‹Seelen› hat, schon gar nicht Seelen, die einer Intensivbehandlung nach dem Tod bedürfen. Und solche Seelen wollen sie auch gar nicht mehr. Wenn ich zu ihnen von einer Psychotherapie post mortem spreche, werde ich nur liebenswürdiges Verständnis für spätmittelalterliche Schrullen bei ihnen auslösen. Bestenfalls kann ich sie dazu bringen J. Le Goffs Buch über die Geschichte des Fegefeuers oder Chifoleaux' Buch über Jenseits-Buchhaltung zu lesen.

Teufel noch einmal! Nicht den Verlust ihrer vom Körper trennbaren Seele, sondern den Verlust ihrer Beine sollen meine Zuhörer bemerken und betrauern.» Und wie immer, wenn man ihn anspuckt, verschwand der Versucher auch diesmal.

Aufbruch der Pilger von St. Jost

Der Nebel hatte sich inzwischen von der Lahn-Au zurückgezogen, und ich konnte das kleine Kirchlein von St. Jost sehen. Das liegt 5 Minuten lahnabwärts von unserem Hörsaal – also leicht innerhalb der Reichweite selbst Ihrer sonst beräderten Beine. St. Jost, das ist St. Jacob, der Apostel: Santiago el mayor, wie ihn die Spanier nennen. Das Kirchlein liegt auf einer garstigen Straße, dem Pilgerweg nach Galizien an der iberischen Nordwestküste des Atlantischen Ozeans, ein halbes Jahr von Marburg entfernt. Dort sind um 830 die Gebeine des Heiligen Apostels Jacob wiederentdeckt worden. Seit dem Jahr 1000 wurde Campostella ein Pilgerziel für ebenso viele Menschen wie Jerusalem. Ortsbeschreibungen für Neuankömmlinge im Heiligen Land kennen wir schon von früher – der Codex Calixtinus ist die erste Wegbeschreibung für Pilger, die wir aus dem Mittelalter kennen. Dort wo sich die vier Pilgerwege aus Frankreich südwestlich der Pyrenäen treffen, beschrieb ein Zollbeamter des Kalifen von Córdoba ein Gedränge wie in Mekka. Aus dem Wesertal und später auch aus dem hohen Norden sind Scharen auf einer unsichtbaren Straße hier an St. Jost vorbeigewandert, andere sind von hier ausgezogen nach Santiago. Im 10. und 11. Jahrhundert waren die Pilger meist Adelige und Kirchenfürsten, deren Reise und Geleit wir namentlich verfolgen können. Im 12. Jahrhundert waren es überwältigend gemeine peregrini (peregrinus = der Fremdling), die namenlos blieben, auch wenn wir ihre Herkunft und Anzahl kennen. Die Menschen, die von St. Jost nach Galizien aufbrachen, waren nicht Ausnahmen oder Sonderlinge.

In meiner letzten Vorlesung hat sich herausgestellt, daß nur einer von mehr als 200 Zuhörern aus Marburg schon nach Frankfurt gewandert war. Den anderen war Frankfurt nie zugänglich geworden. Das war nicht so im 12./13. Jahrhundert. Wir wissen von so manchen Orten, an denen 5–10% der Männer Fernpilger wurden. Manche waren am Weg umgekommen, verhungert, erschlagen. Andere waren in islamische Gefangenschaft geraten. Andere wieder waren ausgezogen in der Hoffnung, unterwegs sterben zu können. Andere waren mit ihrer Erfahrung heimgekehrt. 5% einer Bevölkerungsgruppe, das ist höher als der Anteil der Spanien- oder gar Amerika-Touristen in der Bundesrepublik.

Die Wörter, die ich verwende, passen alle nicht genau. Vita est peregrinatio heißt nicht: «Das Leben ist eine Wallfahrt», sondern Leben, das heißt, «als Fremder auf Pilgerschaft sein». Es ist gar nicht leicht, diesen Daseinszustand vom Unterwegs-sein nach Santiago oder Jerusalem zu unterscheiden. Bis ins 14. Jahrhundert gab es kein lateinisches Wort, um den Kreuzzug – also das bewaffnete Pilgern – vom friedfertigen zu unterscheiden. Beide waren «peregrinatio» oder «iter ultra mare» – «Weg übers Meer». Im frühen 11. Jahrhundert waren auch Mönche und Kleriker unter den Pilgern; aber hauptsächlich waren es erwachsene Männer, die mit dem Entschluß zur totalen Armut der Pilgerschaft auf Zeit oder bis zum Tod aus den Zwängen der Grund- und Klosterherrschaft ausbrachen. An all das habe ich am Schloßberg gedacht. Und es tat mir leid, daß ich noch nicht die Zeit gefunden habe, Genaueres über dieses Kirchlein herauszufinden. Schön wär's, wenn einer der Hörerinnen oder Hörer uns dabei helfen würde.

Ich habe vier Aufsätze für Sie ausgewählt, falls unter Ihnen jemand sich in die Geschichte des Jakobspilgers einlesen will. SCHMUGGE führt in das Studium der Sozialgeschichte des Pilgers ein, MIECK orientiert über die Literatur zu Campostella. Gerhard LADNER, den ich als Lehrer verehre, deutet das mittelalterliche Pilgerwesen. BRÜGGE: Zur Phänomenologie der Wallfahrt. Kopien dieser Aufsätze habe ich im Zimmer 17 der Theologischen Bibliothek auf den linken Fenstertisch gelegt. Sie gehören mir, und ich ersuche Sie, diese Kopien nicht von dort zu entfernen, es sei denn zum Kopieren in der Bibliothek selbst. Wenn Sie mehr erfahren wollen, sollten Sie eine Reise nach München unternehmen. Denn dort wird im heurigen Winter vom Nationalmuseum eine Sonderausstellung über die Wallfahrt veranstaltet.

Unterwegs zwischen Ordnung und Entfremdung

Was hat diese Menschen zur Pilgerschaft getrieben? Viele Beweggründe werden angeführt und nachgewiesen. Flucht aus der erdrükkenden Abhängigkeit der Hufe; Bewerbung um Sündenvergebung oder einen Ablaß; Stundung von Schulden und Steuern gehören dazu. Im 12. Jahrhundert ist Pilgerschaft Kirchenstrafe für Blutschande und das Brandschatzen und dann auch für Mord und Kirchenraub: also Sühne. Aber diese Beweggründe, nach Stab, Mantel und Pilgertasche zu greifen, könnten leicht für uns verdecken, was peregrinatio im 12. Jahrhundert letztlich bedeutet hat. «Homo viator», der Pilger, ist das Ideal, in dem sich das 12. Jahrhundert versteht: Unterwegs zu sein, auch dann, wenn man in eine Niederlassung eingeordnet ist. Die genaue Ordnung des 10. bis 13. Jahrhunderts läßt sich nur dann deuten, wenn sie als Ordnung einer im Diesseits pilgernden Gesamt-Kirche verstanden wird. Teil dieser Kirche zu sein, stellt jeden zwischen ordo und alienatio. Der von St. Jost aufbricht, ist Zeichen dafür, was alle sind. Ordo und alienatio sind Namen für ganz große Bedeutungszusammenhänge. Ordo steht für die Einstufung eines jeden in eine engmaschige Hierarchie, die aus dem Diesseits im Jenseits gipfelt. Nichts entgeht dieser Ordnung, außer dem Bösen. Und alienatio, das meist als Ent-fremdung übersetzt wird, möchte ich mit «Widersacherei» verdeutschen. Alienatio ist die Aufkündigung dieser Ordnung. Alienatio ist Aufbegehren, Verwirrung, Verfinsterung. Nur wer im Ordo steht, begreift, wie erschreckend seine Bedrohung durch die Sünde ist. Zwischen ordo und dieser alienatio steht also der Mensch als Pilger. Ladner meint, der ungeheuerlich aktive Einordnungszwang des Hochmittelalters sei nur deshalb ertragbar geblieben, weil jeder einzelne weiß, daß er als Christ Pilger ist, auch dann, wenn er nicht zum Stab greifen und aufbrechen sollte. Die Möglichkeit, sich dem Ordo gegenüber zu ver-fremden, ohne in empörte Entfremdung zu verfallen, besteht für den Mönch und den Ritter und den Bauern. Das ist sicher nicht die Gesamtheit der Bevölkerung. Aber da es im frühen 12. Jahrhundert schwer ist, von einer Unterklasse im zentraleuropäischen Raum zu sprechen, ist es auch schwer zu ermessen, wie vielen Männern dieser Ausbruch prinzipiell vorenthalten war.

Die Bezeichnung des Christen als Pilger ist älter als das Verständnis der Schöpfung als ordo. Peregrination zur Zeit der Kathedralenbauten, in denen sich der Ordo spiegelt, hat einen spezifischen Sinn, den es vorher nicht geben konnte. Wenn Augustinus vom viator, (der Wanderer?, nein, besser, der «Mensch, der unterwegs ist») spricht oder vom peregrinus, dann stellt er ihn dem «perventor» (den Angekommenen), dem «possessor» (dem, der von der Heimat Besitz ergriffen hat) gegenüber; er meint also den Christen im Diesseits. «Wisse, daß du unterwegs bist (viam ambulare), ein Wanderer, Pilger und Gast. Ruhe, nur weil du weiter mußt. Belade dich nicht mit dem Zeug aus dem Stall» (– der dir als Herberge dient).

Da klingt doch stark die Stoa mit – das Wissen des Weisen darum, daß er sich von der Polis absetzt, wie das bei den frühen apostolischen

Vätern noch deutlicher war: Christen «wohnen in der Heimat wie in der Fremde; nehmen teil am Leben, wie wenn sie dazugehören würden, aber leiden wie Außenseiter; in jeder Fremde sind sie daheim und in der Heimat sind sie Fremde». Dieser Satz aus dem Brief an Diognetus, 120 Jahre vor Augustinus, könnte von einem stoischen Klassiker stammen. Hugo Rahner hat die Stellen gesammelt, in denen die Kirchenväter den Christen mit Odysseus vergleichen: auch der Christ im Nachen der Kirche läßt sich an einen Mast binden – für ihn ist der Mast das Kreuz –, um – so gefesselt – unbeirrt vom Gesang der Sirenen seinen Weg durch die Welt zu nehmen. Auch in der Regel des hl. Benedikt drückt sich noch diese Weltflucht aus. Da heißt es für den Mönch 4, 20 saeculi actibus se facere alienum – sich tätig der Welt entfremden. Die Ver-fremdung des Pilgers, der von St. Jost aufbricht, ist demgegenüber neu. Nicht nur lebt unser Pilger in einem Personenzusammenhang, der eine christliche Ordnung darstellt – er lebt auch in einer Natur, die von Gott spricht.

Die Idee eines Ordo, einer gottgewollten Seinsordnung im Diesseits, in der auch das geringste Glied von der Kirche mit einem besonderen Segen belegt wird, ist etwas anderes. Um das auszudrücken, versuche ich die alienatio als Weltflucht Entfremdung zu nennen, und das, was der Pilger des 11. und 12. Jahrhunderts tun will und tut: Verfremdung. Die Idee eines Ordo, einer gott-gewollten und gesegneten Seinsordnung im Diesseits, dergegenüber der einzelne als Pilger sich verfremden kann, die ist erst im Mittelalter entstanden. Aus der Berufung des Christen überhaupt, sich in der Welt nicht wohnhaft zu machen, wird jetzt eine Einladung an einzelne, die aus dem Ordo ausbrechen wollen: vom Zwang der Grundherrschaft, der hierarchischen Enge des Klosters. Pilgern heißt jetzt die gottgewollte und gesegnete Niederlassung verlassen, um unterwegs zu leben. Stetigkeit im Pilgern (stabilitas in peregrinatione) wird zum Zeichen des wahren Pilgers, das ihn vom gyrovagus, dem schweifenden Bummler, unterscheidet. Und das ist entscheidend für meine Ausführung. Im person- und verbandsgebundenen Recht des hohen Mittelalters entläßt der Aufbruch den, der zum Pilgerstab greift, aus dem heimischen Rechtszusammenhang. Der Aufbruch ist nicht nur Ausbruch aus dem Ordo, sondern auch Verlust des an den Personenzusammenhang gebundenen Rechtsschutzes. Risikolos könnte der Pilger ausgeraubt, ja geknechtet werden.

Das ist nun nicht der Fall. Die Kirche schafft ein neues Recht, das die Autonomie dessen schützt, der als Pilger aus seiner Heimat aufgebrochen ist. Es ist nicht einfach Fremden-Recht, wie es das vielerorts gegeben hat, sondern eine neue Art von Recht für eine neue Art von Subjekt: den Aussteiger, würden wir heute sagen. Die Anerkennung des aus dem Heimat-Zusammenhang aufgebrochenen einzelnen als Subjekt rechtlichen Schutzes geht mit der Entwicklung des Gottesfriedens Hand in Hand: also dem Versuch, die Gemeinheiten der Unterhaltswirtschaft vor der Verwüstung im Kampf der Fürsten zu schützen. Auf diese Weise entsteht ein Pilger-Stand. Der Pilger fällt nicht aus der Christenheit heraus, auch wenn jeder einzelne Pilger ein Aussteiger aus seinem Stand ist. Das radikale Aussteigen aus jeder Ordnung in die Anarchie wird zum Stand. Denn mit seinem Aufbruch von St. Jost aus deutet der Pilger das, was jeder einzelne mittelalterliche Christ doch schon ist: unterwegs in einen – wenn auch durch die Sünde verstümmelten – doch ganz Gott-bezogenen Ordo. Er steht unter kirchlichem Schutz auf dem Weg. Sein Hab und Gut darf zu Hause nicht beschlagnahmt werden, während er auf Pilgerschaft ist. Gegen den weltlichen Richter, vor den er unterwegs geschleppt werden sollte, kann er an ein Kirchengericht appellieren – ja, seine Schulden sind gestundet, solange er unterwegs ist; und wenn er unterwegs sterben sollte, können sie nicht eingetrieben werden. So steht es um die Anerkennung dieses Ausbruchs aus der Ordnung im frühen 12. Jahrhundert.

Ich weiß sehr wohl, zu welchem Unfug das Pilgerwesen im Laufe der nächsten zwei Jahrhunderte geführt hat: Pilgerstraßen wurden zum bevorzugten Aufenthalt von Europas Gesindel, eine Landplage und ein Ärgernis. Das betrifft aber nicht das 12. Jahrhundert. Wichtig im 12. Jahrhundert ist eine Verinnerlichung des Pilgerideals, zu der ich kommen möchte. Bevor ich aber von dieser Verinnerlichung, von «Weg», «Aufbruch», «Aufstieg» und «Ziel» sprechen kann, will ich erst mein begriffliches Werkzeug schleifen.

Mentalitätsgeschichte und Kulturvergleich

Um die Besonderheit des Aufbruchs eines Pilgers aus der Ordnung des 12. Jahrhunderts zu verdeutlichen, will ich im nächsten Abschnitt einen Vergleich mit dem Aufbruch eines indischen Pilgers aus seiner Kaste wagen. Erst so kann ich mit Befremdung auf die Besonderheit des heute ganz diesseitsbezogenen «kriegenden» Individuums hinweisen.

Um aber Mißverständnissen in diesem Vorgehen vorzubeugen, will ich erst kurz – wie in der Vorlesung – zwei Haltungen beschreiben, die ich zu pflegen versuche. Für mich sind diese zwei Haltungen ebenso viele Bedingungen für unser Vorgehen. Ich werde erst von der Haltung zu den Toten, dann von der Haltung zu vergangener Sinngebung, Erlebnisgestalt und Leibhaftigkeit sprechen und schließlich zum Vergleich zwischen Kulturen kommen.

Unsere vorzüglichste Art, mit den Toten umzugehen, nennen wir heute Geschichte. Auch andere Epochen haben das Leben der Toten wahrgenommen und es dargestellt. Die Toten wurden als Ahnen verehrt, als Vorfahren erinnert, als Darsteller in einem Schauspiel wurden ihnen Dialoge in den Mund gelegt; als heilige Patrone wurden sie angerufen, als Gespenster gefürchtet, beschworen, gebannt. Im 12. Jahrhundert wurde zunehmend für sie als «arme Seelen» gebetet: sie wurden als individuelle Pilger zwischen der himmlischen Heimat und dem Höllenabgrund zu Empfängern kirchlich verwalteter und vermittelter Hilfeleistungen der Erdenpilger. Die Art, wie mit den Toten umgegangen wird, ist also nicht nur Thema der Anthropologie und der Volkskunde, sondern sollte auch Thema der Geschichte sein. Diese Geschichte des Da-Seins der Toten in einer Gesellschaft (vgl. Oexli) ist etwas anderes als die Geschichte der Einstellung zum eigenen Sterben seit dem Mittelalter, die Ariès geschrieben hat.

Nun ist auch das Da-Sein der Toten in der Gegenwart etwas, was sich grundsätzlich vom Dasein der Toten in allen anderen Gesellschaften unterscheidet. Die Toten sind zu Objekten historischer Forschung verkommen. Für fast alle vergangenen Epochen leben die Toten in mündlicher Überlieferung fort. Das Hören-Sagen vom Toten knüpfte sich wohl an ihre noch sichtbaren Reste oder Berichte von ihrem gelegentlichen Auftreten im Wunder, im Schreck, in der Legende; aber sie hatten einen Da-Seins-Status, der nicht ganz unvergleichlich war mit anderen «Fremden»: Geistern, Monstern, Antipoden, Negern – und anderen aus dem Hörensagen bekannten Leuten. Sie hatten in irgendeiner – sehr verschiedenen und vielfältigen Weise – Existenz, abgesehen von ihrem abgeschlossenen, mit dem Tod beendigten «Leben». Für den Historiker – mit wenigen Ausnahmen – gibt es die Toten in diesem Sinne nicht. Er rekonstruiert das Schicksal von Leuten, deren Dasein abgeschlossen und beendet ist. In bezug auf diejenigen, von denen gesprochen wird, ist Vergangenheit (grammatikalisch) für die Tradition imperfektiv und für die moderne Geschichte perfektiv.

Es besteht also eine doppelte Gefahr für den Historiker, die Toten zu vergewaltigen: erstens, indem er ihnen jene diesseits-umschlossene Individualität zuschreibt, die unser Leben als hilflose Krieger und unseren Tod als Ende dieser Geschichte bestimmt. Zweitens, indem er als nekrophiler Analytiker versucht, den Toten ihre – ihnen oft «unbewußten» – Geheimnisse zu entreißen, die sie ins Grab mitgenommen haben.

Diese zweiseitige soziale und persönliche Indiskretion (das heißt doch «mangelnde Distanz»?) bedroht den Historiker, dem es um Schlachten und Krönungen geht, viel weniger als unsereins, der sich eine Herberge im Jahr 1127 vorstellen möchte. Die wir dort treffen, sind auf viele Weise anders als andere «Andere» – Türken oder Malayen heute. Wenn wir die Toten mißdeuten oder verleumden, so können sie nicht zurückschlagen oder uns reinlegen und auslachen. Die Toten bleiben stumm. Das heißt aber noch lange nicht, daß die Toten sich nicht am Historiker rächen. Wenn er Distanz verliert, sich anbiedert, den Toten zum Spiegel macht, wird der ein gespenstischer Wächter und macht dem Historiker die Gegenwart zum Knast. Diese Überlegungen begründen meine erste Haltung: den Ausdruck, den ich verwende, habe ich von einer jungen italienischen Freundin gelernt. Ich möchte Geschichtsschreibung betreiben als Ehrfurchtsbezeugung vor den Toten.

Nächst Rücksicht für die Toten brauche ich Vorsicht beim Fragen. Denn worüber ich etwas wissen will, ist nicht so sehr die Anzahl der Pilger oder der Verlauf der Straßen als das Lebensgefühl, die Sinngebung und das Erlebnis eines Jakobspilgers. Und das eben sind die Geheimnisse, die er mit sich ins Fegfeuer und den Himmel – oder gar in die Hölle – genommen hat. Bestenfalls kann ich darüber Vermutungen anstellen, wieviel von anderen erlebte Wirklichkeit jenseits meines Horizonts liegt, mir immer nur mittelbar zugänglich sein wird: ebenso das, was im Blick- und Tastfeld der Toten liegt, wie auch das, was im Eigenbereich der noch Lebenden liegt: der Indios, der Türken, vieler Frauen.

Aber, so wie ein erfahrener Jäger gar nicht denken muß, er sei ein Fuchs, um zu vermuten, wo auf der Spur das Tier wieder aufkreuzen wird, so kann und will ich mich darin üben, mich von meiner Nase führen zu lassen, um die Toten auf ihrem Lebensweg zu ertappen, dort, wo ich sie vermutet habe – und von ihnen überrascht zu werden, weil sie sich doch wohl nicht so gebaren, wie ich erwartet hätte. Solche respektvolle und phantasievolle Neugier ist mir lieber als die Rückblendung meiner Hirngespinste, also retrospektive Nekromantie.

Aber auch für diese rücksichtsvollen und vorsichtigen Vermutungen über die Sinngebung zur Zeit des Verstorbenen, an der er selbst vielleicht teilhatte, brauche ich Wörter, Begriffe, Kategorien, die sein einmaliges Dasein so verallgemeinern, daß mit derselben Kategorie auch etwas mir Bedeutendes besagt wird. Er ist Pilger, ich bin Pendler. Er wie ich sind wert-betont unterwegs. Er wie ich sind nicht Nomaden unter Ansässigen; wir sind nicht Flüchtlinge, Kriegsgefangene, reisende Händler, Soldaten. Er homo viator, ich homo transportandus, sind Ideale schlechthin unserer Epochen. Eigenwillig löst er sich – für lange oder immer – aus einer festen Ordnung, vertraut sich – oft ganz alleine – seinem Weg an, läßt sich vom Weg führen. Wenn das nicht heißt, sich individualistisch zu benehmen, dann hat dieses Wort keinen Sinn. Und doch ist das eine ganz andere Art des wertbetonten Idealismus als jener, der jedem Bürger Freizügigkeit und das Recht auf tägliche Beförderung sichert. Enorm scheint der Unterschied zwischen dem *Einzelgänger* und dem *Selbstfahrer*.

Und doch will ich bei meiner These bleiben: Jenen Individualismus, der sich im beförderungsbedürftigen Selbstfahrer ausdrückt, kann ich nur als eine Umstülpung des idealtypischen Jakobspilgers verstehen. Der Pilger vereinzelt sich aus der lokalen christlichen Ordnung auf dem Weg nach Campostella und durchs Fegefeuer – ohne aus dem Rahmen der für ihn lebensnotwendigen Heilsanstalt Kirche zu fallen. Der Pendler ist jener Einzelverbraucher, aus dem die Bevölkerung einer modernen Gesellschaft besteht. Und diese Gesellschaft ist derartig veranstaltet, daß sie – in Theorie – all seine lebensnotwendigen Bedürfnisse befriedigen kann. Im Pilger verwirklicht sich die christliche Berufung an jeden einzelnen, sich als Gotteskind zu verstehen – dessen Vater im Himmel und dessen Geschwister, wie er, in der Welt sind. Dieses Ideal ist einzigartig und neu durch die christliche Botschaft gegeben. Nicht das (schon stoische) Ideal des Individualismus, sondern das Ideal einer Gemeinschaft von Individuen – d. h. einer Liebesgemeinschaft.

Im Pilger verwirklicht sich aber dieses Ideal in einem präzisen Punkt der Kirchengeschichte. Der Pilger bricht die lokale und die hierarchische christliche Ordnung der Welt auf: Bauer und Prinz, Aussätziger und Mönch pilgern zum selben Ziel in derselben Art über dieselben Wege. Genau in jenem 12. Jahrhundert, in dem die Kirche zur ersten neuzeitlichen Seelsorgeanstalt wird, betont das Pilgerwesen den Individualismus der christlichen Berufung. Deshalb scheint mir das Studium des Pilgers so wichtig. Genau im 12. Jahrhundert, in dem die Kirche deutlich zur seelsorglichen Betreuung jedes einzelnen Pfarrkindes kommt, also das Ideal kirchlicher Individualität veranstaltet, finden wir auch einen Höhepunkt der Anerkennung des Pilgertums.

Es sei an diesem Punkt auf die Arbeiten von Jean Leclercq hingewiesen: auf die Verinnerlichung des Pilger-Ideals im Laufe des 12. Jahrhunderts. Zu Anfang des Jahrhunderts war es noch das Aushalten auf der Pilgerfahrt, die Stetigkeit im Pilgern, die stabilitas in peregrinatione, die am höchsten gelobt wurde. Am Ende des Jahrhunderts hatte sich langsam eine neue Sensibilität in vielen Klöstern durchgesetzt; eine subjektive Frömmigkeit, in der das innere Reifen und Wachsen als Pilgern zu Gott erfahren und begriffen und beschrieben wurde, die der objektiven Frömmigkeit und deren Ausdruck im Aufbruch und Unterwegs-sein entgegenlief.

Das neue Ideal könnte man als peregrinatio in stabilitate, ortsgebundenes, aber einsames Pilgern jedes einzelnen, beschreiben. Gleichzeitig änderte sich auch das Laien-Ideal des Pilgers. An die Stelle des Kreuzfahrers trat das Ideal des Missionars, das zur Herausbildung von Gemeinschaften im 12./13. Jahrhundert führte, in denen die Predigt der Frohbotschaft nicht mehr als Aufgabe nur einzelner, sondern als Mission der neuen Orden begriffen wurde.

Die Veranstaltung des Einzelgängers

Im Übergang vom Früh- zum Hochmittelalter konvergieren drei Ausdrucksweisen christlicher Pilgerschaft. Der Jakobspilger (Kreuzfahrer, stabilis in peregrinatione) wird standesbewußt und sein Stand zum Subjekt kirchlicher Gesetzgebung. Der asketische, seßhafte «Mönch» erlebt seinen eigenen Fortschritt als eine innige, geistliche, mühsame Pilgerschaft. Und, drittens, die im Schoß der Kirche Verstorbenen werden auf ihrem Läuterungsweg in die ewige Seligkeit von nun an amtlich von der Kirche betreut. In drei Richtungen sind der Aufbruch des Pilgers, die Verinnerlichung des Mönches und die neuartige Erwerbung eines ganz persönlichen Überlebens in jenem Zwischenreich, das Dante beschreibt, drei Ausdrucksformen eines neuartigen Individualismus. Dem neuen Einzelgänger stehen drei Formen der institutionellen Vereinnahmung gegenüber: die Veranstaltung der Pilgerschaft durch Rechts-Schutz, Kreuzzug, Ausbau der Pilgerstraßen mit Hospizen und Belohnung des Pilgers durch Ablässe. Zweitens die Gründung neuer Orden, der Regularkleriker und später der Bettelmönch, deren Frömmigkeitsstil subjektiven, verinnerlichten Fortschritt fördert und deren Organisation den Orden in den Dienst einer neuen Seelsorge stellt, deren Aufgabe die individuelle

Betreuung der Gläubigen ist. Und, drittens, der Einbezug des Jenseits in die Kirchenverwaltung durch die Zuwendung von Ablässen für die Seelen im Fegefeuer und das zentralkirchliche Monopol über den Vorgang der Heiligsprechung.

Auf den Straßen Europas, in der Innigkeit der Gottsuche und unter den Toten entsteht hier ein neuer Typus des wertbetonten Einzel-Gängers. Was ihn wohl zu einem vormals undenkbaren Individualisten macht, ist die Tatsache, daß er das eigentlichste Subjekt eines für diesen Einzelgänger gedachten institutionellen Rahmens ist. Nicht das Aufbrechen, das Unterwegs-sein, sich vom Weg führen lassen, die Heimat für immer verlassen, Alleinsein, sind einzigartige Züge des «Jakobspilgers». Was die Pilgerschaft im 12. Jahrhundert grundsätzlich von allen ihren anderen Formen unterscheidet, ist die Organisation einer Anstalt, deren Subjekt dieser un-ordentliche, losgebrochene Einzelgänger ist.

Der Pilger auf der Straße, auf der Jakobsleiter im eigenen Herzen oder im Jenseits geht im 12. Jahrhundert seinen eigenen Pfad zwischen ordo und alienatio; er ist Einzelgänger auf dem Weg in die himmlische Heimat, und die Kirche versorgt ihn mit den ihm nötigen Mitteln zum Heil. Mitten im 12. Jahrhundert werden die Sakramente neu durchdacht. Hugo von St. Viktor – 1147 – schlägt vor, sie auf die Siebenzahl zu begrenzen; das Laterankonzil 1215 definiert diesen Katalog. Deutlich scheiden sich jetzt die unzähligen Segnungen – die gut sind und gut bleiben – von den heilsnotwendigen wirksamen Zeichen, die von der Kirche verwaltet werden. Der kirchlich organisierte Einzelgänger ist auch ein Individuum mit spezifischen, kirchlich bestimmten Bedürfnissen für kirchliche Dienstleistungen. In grobem Umriß, wie in einem Schattenschnitt, wird hier das neuzeitliche Individuum sichtbar.

Wenn ich eine Behauptung dieser Art aufstelle, dann tue ich dies nicht, um einen Kausalzusammenhang zwischen der Veranstaltung des homo viator und der Herausbildung des homo oeconomicus zu behaupten. Mein Vorgehen ist umgekehrt: Ich befasse mich mit dem 12. Jahrhundert, um mit gepflegter Befremdung den homo oeconomicus betrachten zu können. Und – auf englisch würde ich sagen «with hind-sight», mit «Nach-sicht», die einen hinterher klüger macht – erkenne ich im Entstehen der seelsorgenden Kirche des späten Mittelalters das Vorbild für den fürsorglichen Wohlfahrtsstaat des 20. Jahrhunderts – und im der Seelsorge bedürftigen Einzelgänger das Vorbild für das erziehungs-, gesundheits-, beförderungs-, unterkunfts- ... -bedürftige, kriegende Individuum der Neuzeit.

P. S. Jakobspilger und Sannyāsin

In der Vorlesung habe ich typologisch den Aussteiger aus dem indischen Kastenwesen dem Jakobspilger gegenübergestellt. Ich tat dies, um den Unterschied zwischen zwei Typen von wertbetontem Einzelgängertum, das zum gesellschaftlichen Ideal wird, zu illustrieren. Bei diesen Überlegungen ging ich von den Arbeiten von Louis Dumont aus. Dumont – der in 25jähriger Arbeit eine Soziologie des Kastenwesens geschrieben hat – sieht im Sannyāsin den extremen Typus des weltflüchtigen, jenseits-orientierten Individualismus. Für Dumont ist das Kastenwesen ein Organisationstypus, der jede Art von Individualität am Entstehen hindert. Es kann sich weder das platonisch-aristotelische Ideal der polis als selbstgenügsame Einheit bilden (Kasten sind, in bezug aufeinander, nicht Individuen vergleichbar), noch kann sich der einzelne als selbstentscheidendes Sozialsubjekt begreifen. Jeder ist im Karma an seine eigene Vergangenheit und im Dharma in Brauch, Sitte, Verpflichtung gebunden. Jedes Subjekt löst sich letztlich in ein Beziehungs-Bündel auf. Zum Individuum wird einer nur durch ein radikales Aussteigen, durch totale Entwurzelung aus dem Kastenwesen. Der Aussteiger erbittet die Erlaubnis von seinen Eltern, läßt sich rituell verbrennen, hat keine Möglichkeit der Rückkehr. Er ist sozial tot – aufgelöst. Nach seinem Absterben wird er nicht mehr verbrannt – nur der Schädel wird ihm eingeschlagen, wie wenn der Leichnam schon Gerippe wäre.

Im Gegensatz zum Kastenwesen und zum Sannyāsin lassen sich zwei Seiten des Jakobspilgers beleuchten. Erstens ist der Ordo, aus dem er ausbricht, schon vom christlichen Daseinsverständnis des Gottes-Kindes als homo viator geprägt. Zweitens ist, gegen Ende des Jahrhunderts, der christliche Einzelgänger – im extremen Gegensatz zum Sannyāsin – zum idealen Typus des Kirchenmitgliedes geworden.

Dietrich Stollberg

«Die warenhafte Muttersprache»[1]

Einleitung des ersten öffentlichen Kolloquiums mit Ivan Illich am 27. 10. 83 in Marburg

Um das Gespräch zu beginnen, möchte ich mitteilen, was und wie ich Ivan Illich, speziell das Kapitel über «Die warenhafte Muttersprache», gelesen habe. Es kann aber nicht darum gehen, Illich lückenlos und fehlerfrei zu referieren. Wenn ich mitteile, wie ich ihn gelesen und verstanden habe, so wird sich hoffentlich herausstellen, ob der Autor sich selbst verstanden fühlt, wieweit wir als Seminargemeinschaft in der Wahrnehmung seiner Thesen übereinstimmen oder differieren, und was geklärt, ergänzt, anders gesehen bzw. korrigiert und woran weitergearbeitet werden muß.

1. Ich habe also mit Interesse und Erstaunen gelesen, daß Ivan Illich «die formell unterrichtete Muttersprache, nach abstrakten Regeln gehandhabt», von der «Vernakulärsprache» unterscheidet, die «aus Wörtern und Strukturen» besteht, «die auf dem ‹eigenen Mist› des Sprechers gewachsen sind»[2]. Muttersprache wird als «vom Herrscher geregelte Sprache» beschrieben, die politische Kommunikation im Interesse der Regierung produziert, während vernakuläre Sprache dort gesprochen wird, wo freie Menschen, die Herren im eigenen Haus sind (S. Freud), sich einander mitteilen und miteinander teilen. Vernakuläre Sprache entzieht sich bürokratischer Kontrolle, Muttersprache hingegen ist die Sprache der marktbezogenen Unterdrückung autochthoner Bedürfnisse und Impulse.[3]

So Illich. Erstaunt bin ich darüber, daß der Ausdruck «Muttersprache» bei ihm gerade das Gegenteil von dem bezeichnet, was ich mit dem Begriff bisher verbunden habe: Ich hätte die Sprache der Freien «Muttersprache» genannt, die Sprache der Unterdrückten hingegen «Amts-» oder «Schulsprache», vielleicht auch «Juristendeutsch», «Hoch-» oder «Schriftsprache». Die Unterscheidung als solche leuchtet mir jedoch ein.

2. Die «Muttersprache», so lese ich weiter, wird unterrichtet, und zwar nach einer offiziellen Grammatik. Wer angemessen zu sprechen lernen will, braucht daher die Hilfe von Experten. Er ist ihrer Dienste bedürftig und daher von ihnen abhängig.[4] «Helfen heißt herrschen», sagt man heute problembewußt in der Seelsorgebewegung[5]: Wer Hilfe begehrt, begehrt Herrschaft und will sich – jedenfalls zeitweilig und um eines als «höher» eingestuften Zieles willen – unterwerfen. Daß dies nun auch für die als kommunikationsfördernd geltende Grammatik einer dialektübergreifenden Hochsprache gelten soll, läßt den Seelsorger, der sich als Arbeitsziel vornimmt, einerseits Hilfestellung beim Artikulieren (Aus-Sprechen) von Lebensschwierigkeiten zu geben, andererseits letzten Endes sich selbst überflüssig zu machen, aufhorchen: Bestätigt Illich die Absichten der Seelsorgebewegung? Stellt er die Seelsorgebewegung radikal in Frage, weil sie ja private Probleme auf allgemeinsprachliches Niveau heben möchte, um aus der neurotischen Isolierung allzu privater Konkretheit in den sozialen Kontext und überindividuelle Kommunizierbarkeit zurückzuführen?

3. Vielleicht hat sich der Seelsorgetheoretiker, falls er bei Illich Bestätigung suchte, zu früh gefreut. Denn immerhin ist und bleibt er Pfarrer oder Priester, und gerade dieser Berufsgruppe geht es im Zusammenhang einer als «warenhaft» empfundenen «Muttersprache» an den Kragen: Der «klassische Priester» ist «Vorläufer der Dienstleistungsexperten ...: des Lehrers, Sozialarbeiters oder Erziehers»[6]. Die «Mutter Kirche» wird als institutionalisierte Hierarchie der Dienstleistung und damit der Entmündigung verstanden: Hilflose Kinder bekommen von einer hilfespendenden Mutterinstitution, die von männlichen Usurpatoren regiert wird, gerade so viel Hilfe, daß sie weiterhin darauf angewiesen bleiben, denn ihre Hilfsbedürfnisse werden «von Experten definiert»[7]. Die Experten sind die Nachfahren der Priester, einer «nichthereditären Elite»[8], die ihre Dienste als für das ewige Leben unabdingbar definiert.

4. Die institutionelle Mutter Kirche bringt als Erben unser Industriesystem und in seinem Gefolge den modernen Dienstleistungs- und Wohlfahrtsstaat hervor. In diesem nur scheinbar sozialen System ist jeder von jedem abhängig, spricht man «Muttersprache» und fügt sich angeblichen Gesetzmäßigkeiten des Zusammenlebens auf der Basis einer «rationell organisierten Gesellschaft»[9]. Denn Mutter Kirche

und Muttersprache gehören zusammen. Muttersprache wird ein den Mitgliedern der Gesellschaft aufgezwungenes «Arbeitsbeschaffungsprogramm», die Sprache Luthers für die Bibelübersetzung, die Sprache, «die von den Schulmeistern gelehrt wurde, damit die Menschen dieses Buch lesen konnten, und dann die Sprache, die die Existenz der Nationalstaaten rechtfertigen half»[10]. «In den Schulen lernen die Menschen, so zu sprechen, wie sie sollen.»[11] Es wird immer gerade soviel Fachjargon unterrichtet, um allen Unterrichteten das Gefühl der Abhängigkeit vom jeweiligen Fachmann zu geben.

5. Wie Sklavenexistenz und muttersprachliche Abhängigkeit, aber auch Bruttosozialprodukt und Fachjargon zusammengehören, so auch individuelle Freiheit, autonome Subsistenz und Armut. Ja, Freiheit wird bei Illich geradezu identisch mit Ruhe vor der genormten Sprache, Rettung vor dem Lehrer[12] und «gemeiner Stille»[13]. Die nichtkapitalisierte Sprache verbreitet sich ohne Schulen, «auf Gegenseitigkeit»[14], von Mensch zu Mensch, Eltern zu Kind, aber auch Kindern zu Kindern. Wer sie spricht, spricht als Subjekt und führt keine vorgegebenen Regeln aus, meint Illich.[15] Die nichtkapitalisierte Sprache wird im ganz konkreten Zusammenhang des Alltagslebens gesprochen und ist daher auch leicht verständlich, weil alle, die sie sprechen, an den Sinnzusammenhängen, die ausgedrückt werden sollen, handelnd partizipieren. – Wenn ich dieses so lese, frage ich mich unwillkürlich, ob denn die Abstraktionsmöglichkeiten der Hochsprache tatsächlich keinerlei Vorteile für die Verständigung, sondern nur Verschleierung konkreter Wahrheit (Lenin) bringen und ob man immer gemeinsam im Alltag miteinander leben muß, um sich zu verständigen bzw. zu verstehen.

6. Kapitalisierung und Professionalisierung der Sprache, und damit des Lebens überhaupt, gehen so stark Hand in Hand, daß Eltern ihren Kindern gegenüber jegliche Spontaneität verlieren und als professionelle Erzieher auftreten. Eltern als Experten gehen miteinander und mit ihren Kindern nicht mehr als die um, die sagen, was sie meinen, sondern die rezitieren, was andere sich ausgedacht haben[16]: Sie «erziehen», und das ist das Ende der Menschlichkeit.

Aus dem, was ich bei Illich über die warenhafte Muttersprache und die gemeine Sprache der Freien gelesen habe, ergeben sich viele Möglichkeiten, kritische Schlüsse und Folgerungen zu ziehen, Anfragen zu stellen und Thesen sowie Antithesen zu entwickeln. Exemplarisch nenne ich nur folgende:

1. Wir treffen uns zu diesem Kolloquium in einer ganz und gar nicht (mehr?) vernakulären Institution, nämlich in der Universität. Diese, möglicherweise gefährliche, «Mutter» ermöglicht uns immerhin das kritische Nachdenken, und – im Medium der «Muttersprache» – einen allgemeinverständlichen Meinungsaustausch. Wenn ich die «Mutter» also nicht gleich völlig abschaffen und mich in radikale Freiheit, aber auch neue Abhängigkeit (denn ich habe z. B. Familie) begeben will, dann könnte es vielleicht immerhin möglich sein, mein Lehren nicht länger als mühsames Aufpfropfen von Herrschaftswissen (z. B. durch Examensordnungen zum Herrschaftsinstrument gemacht) zu praktizieren, sondern auf das Verlernen von Herrschaftswissen, auf Abbau schulischer Deformationen und Wiederentdecken von Eigenem bei jedem einzelnen Seminarmitglied auszurichten. Wäre das Selbsttäuschung oder eine echte Konsequenz aus Ihrem Denken, Herr Illich? Wenn Sie mir jetzt die Antwort verweigerten, empfände ich dies als Bestätigung.

2. Dieser Hypothese entspricht mein Verständnis von Psychotherapie und Seelsorge: Es geht um Befreiung durch Freilassen, um Einüben des Abschieds von Erwartungen an Eltern, Experten und andere Helfer, die übergroß phantasiert und als permanente Enttäuscher erlebt werden. Seelsorge, verstanden als Einüben im Loslassen, Abschiednehmen, Armwerden und Sterben – ist das ein Konzept, das dem Verlernen von Muttersprache und der Wiederentdeckung des Vernakulären entspricht? Das Ziel des Unterrichts wäre demnach nicht länger Aufbau des Schülers zum Lehrer, sondern Abbau der Größenphantasien des Schülers über den Lehrer und Förderung der Erkenntnis, daß der «Lehrer» auch nur ein «Schüler» ist.

3. Alles scheint mir auf Überflüssig-Machen hinauszulaufen. Wenn wir auf den ganzen überflüssigen Ballast unserer industriell-zivilisatorischen Existenz verzichten könnten, wären wir frei und – arm. Wir müßten Nischen suchen, um in dieser Welt zu überleben. Vielleicht müßten wir betteln gehen, und zwar im wörtlichen wie im übertragenen Sinne. Es käme wieder deutlicher heraus, daß wir uns verdanken, wie es vielleicht Mt 5,3 («Selig sind, die geistlich arm sind») gemeint

ist, und daß das Glück nicht materiellen Wohlstand zur Voraussetzung hat, sondern umgekehrt die Voraussetzung für materiellen Wohlstand ist (vgl. Mt 6,19–34). Mir leuchtet das alles ein, zumal es dem biblischen Credo, wie ich es gelernt habe, entspricht. Aber wie ich damit als Familienvater leben soll, bleibt mir ein Rätsel, ich wüßte gerne, Herr Illich, ob Sie den radikalen Verzicht, also wie im Neuen Testament (Mt 8,19ff. par., Lk 9,23ff.; 12,13ff.; 14,25–33) den Auszug aus Beruf und Familie, bürgerlichen Loyalitäten und sozialen Verpflichtungen aller Art, fordern, damit das Leben wieder menschlich und gemeinsprachlich wird. Wir hätten es dann mit einem biblisch-monastischen oder asketischen Ideal zu tun. Vielleicht werden Sie auch auf diese meine Frage nicht antworten und mich so bestätigen.

Stephan H. Pfürtner

Im Zeichen des Exodus

I.

> «Als der Pharao herankam, ... erschraken die Israeliten sehr und schrien laut zu Jahwe. Und sie sagten zu Mose: ‹Gab es in Ägypten keine Gräber, daß du uns fortgenommen hast, daß wir in der Wüste sterben? Was hast du uns angetan, daß du uns aus Ägypten herausgeführt hast? Haben wir dir dies nicht schon in Ägypten gesagt: Laß uns in Ruhe! Wir wollen den Ägyptern dienen! Denn es wäre besser für uns, ... als in der Wüste zu sterben.› Mose aber sprach zu dem Volk: ‹Fürchtet euch nicht! Geduldet euch, ihr werdet die Hilfe Jahwes erleben, die er euch heute bringen wird.› ... Jahwe sprach zu Mose: ‹Warum schreist du zu mir? Befiehl den Israeliten aufzubrechen!›» (2 Mose 14,10–15).

Um «Aufbruch», «Auszug» – griechisch: «Exhodos» – geht es, wörtlich: um den «Weg heraus». In unserer Sprachgeschichte ist der Begriff für immer mit dem «Auszug aus Ägypten» verbunden, mit dem Befehl Jahwes an die Israeliten, aus dem Land aufzubrechen, wo sie Anteil an seinen Fleischtöpfen hatten, wo sie jedoch zugleich im Frondienst gefangen wurden und wo es ihren Männern und Frauen, ihren Jugendlichen und Greisen zur Versuchung wurde, ihr Herz an Götzen zu verlieren, statt auf den Gott der Treue und der wahren Verheißung zu hoffen. Der Spruch Jahwes darauf: «Befiehl den Israeliten aufzubrechen!»

Das Aufbegehren des Volkes gegen diese Order ist in den wenigen Worten «muster-gemäß» getroffen – ein Muster dafür, wie Eingesessene zu allen Zeiten auf die Zumutung reagieren, sich aus dem Bekannten ins Unbekannte auf den Weg zu machen. Die Antwort hieß: «Laß uns in Ruhe!» Mußte sie nicht so lauten, sofern ein bißchen politische oder pragmatische Vernunft waltete? Gewiß, man besaß nicht viel in Ägypten, aber man konnte leben. Was bot Mose dafür? Leere Versprechungen und die Todesnöte der Wüste. Was tat er ihnen an, daß er sie aus Ägypten herausführte? Zur Wüste schließlich auch noch die Rache des Pharao, der Herrschaftsmacht im Nacken! Die Antwort derer, die einen – wenn auch nur kleinen – Anteil an den Fleischtöpfen der Herrschenden erhalten hatten, ist nicht verwunderlich. Verwunderlich ist vielmehr, daß der Spruch des Bundesgottes Jahwe nicht längst wirkungslos geworden ist in der Geschichte Israels. Seine Exodus-Geschichte wurde dem Judentum zum «Stigma». Oder hatte es nur ein solches Schicksal, weil es immer schon so «stigmatisiert» war?

Hier ist nicht auf das ethnologische Problem und seine Geschichte abzustellen, noch weniger auf die verächtliche Wortüberlieferung unter Christen über den «unsteten Juden». Hier soll vielmehr der Versuch unternommen werden, *Ivan Illich* als Menschen und in der von ihm vertretenen Sache unter einem Zeichen zu sehen, das interpretiert, herausfordert und befragt. Ich habe nach einem so erschließenden Sprachzeichen gesucht, seitdem wir uns vor etwa zehn Jahren begegnet sind, am meisten in den Monaten dieser gemeinsamen Marburger Reflexionen. Je länger ich darüber nachdachte, um so mehr schien mir Illichs Lebens-, Denk- und Sprachweise im Zeichen des Exodus erschlossen zu werden. Vielleicht ist es die Tradition des Judentums in seiner Familie, die ihn unter dieses Zeichen gestellt hat. Wer zum «Auszug aus Ägypten» auffordert, wirkt wie eh und je bewegend und bedrohlich zugleich. Illich bewegt nicht nur bis zum Enthusiasmus hin, er bedroht auch gründlich mit seinen Deutungsweisen. Die scharfe Kritik, die seine «Ideen» auf verschiedenen Ebenen der öffentlichen Auseinandersetzungen zu den von ihm angesprochenen Problemkreisen erfahren haben, hat sicher nicht nur in Abwehr-Ängsten ihren Grund. Aber daß Illich neuralgische Punkte in unserer Gesellschaft trifft, kann kaum bezweifelt werden. Er macht sie sichtbar und trifft sie besonders da, wo man sich ihre krankmachenden Zusammenhänge nicht eingestehen will.

II.

Zuerst hat Ivan Illich seine eigene Kirche getroffen. Ich gestehe mein Befremden ein, das mich bei bestimmten Texten seiner frühen kirchenkritischen Beiträge befiel. Es war Anfang der sechziger Jahre.

Johannes XXIII. hatte zur Hilfe für die lateinamerikanischen Länder aufgefordert. Die Hilfswerke «Misereor» und «Adveniat» entstanden in der Bundesrepublik, auf evangelischer Seite «Brot für die Welt». Eine große kirchliche Bewegung der Welthilfe kam in Gang, in den USA proklamierte J. F. Kennedy das «Peace-corps». Entwicklungshilfe wurde ein Schlüsselwort. Wir waren begeistert über den sozialdiakonischen Impuls in unseren Gemeinden und Ordensgemeinschaften. Das menschenfreundliche Charisma des damaligen Papstes schien vielen Katholiken Garantie genug dafür zu sein, daß die Aktionen in ihrer Kirche von lauterer Gesinnung gelenkt würden. Illich jedoch trat aus dem Kreis der Bewegten heraus, ging in Distanz zu ihrem Enthusiasmus und hielt kirchenöffentlich «Auszug» aus der Menge derer, die sich weltweit zu einer Gesinnungs- und Handlungsgemeinschaft solidarisierten: «Prüfen wir kühl den Ausbruch von karitativer Wut in der amerikanischen Kirche», mahnte er. «Warum soll man nicht einmal die Kehrseite der Barmherzigkeit betrachten und die unvermeidlichen Lasten wägen, welche ausländische Hilfe der südamerikanischen Kirche aufbürdet?»[1] Von Südamerika sprach er wegen seines besonderen Bezugs zu dem Land und dem vorrangigen Engagement der katholischen Kirche dort. Unter den «unvermeidlichen Lasten» erkannte er – als das kirchliche Bewußtsein noch kaum für die Verknüpfung von Kolonialismus und Missionierung sensibilisiert war –, daß die «missionierenden» Kirchen mit ihrer Seelsorge- und Entwicklungshilfe heimlich oder sogar offenkundig neue Abhängigkeiten schaffen und so neue Herrschaft aufrichten. Die Kirche wird damit sich selbst in ihrem eigensten Auftrag entfremdet, analysierte er die Befunde: «Indem die Kirche zur ‹offiziellen› Agentur für eine Art Fortschritt wird, hört sie auf, für die Zukurzgekommenen zu sprechen, die außerhalb aller Agenturen stehen, aber eine immer größere Mehrheit werden.»[2] Auch Menschen und Länder der «zu entwickelnden Welt» würden sich und ihrer eigenen Tradition entfremdet: «Diese Art von ausländischer Großzügigkeit hat die lateinamerikanische Kirche dazu verlockt, ein Trabant nordatlantischer Kultur und Politik zu werden ... Der Empfänger erhält unweigerlich den Eindruck: der ‹Padre› steht auf der Seite von ESSO, der Allianz für den Fortschritt, demokratischer Staatsordnung, der amerikanischen Gewerkschaften und was sonst noch im westlichen Pantheon heilig sein mag.»[3] Schließlich würden jene Menschen, zumal die jungen, sich selbst entfremdet, die für ein so fragwürdiges «Entwicklungsprogramm» im Namen des Evangeliums programmiert werden: «Die weitere Anwerbung von hochherzigen jungen Männern, um sie in die Form von klerikalem Leben zu zwängen, wie sie immer noch vom Vatikanischen Konzil umschrieben wird, dürfte bald ans Unmoralische grenzen.»[4] «Ich hatte auf Puerto Rico gelernt, daß es nur sehr wenige Menschen gibt, die durch lebenslange Arbeit ‹für die Armen› in einem fremden Land nicht verkümmern oder gänzlich zugrunde gerichtet werden.»[5] Aus diesen Einsichten heraus gründete Illich mit zwei Freunden in Cuernavaca ein Studien-, Dokumentations- und Informationszentrum mit einer «im Grunde subversiven Zielsetzung» für die in Gang gekommene Kirchenarbeit, nämlich um «einmal den Schaden zu mindern, der von der päpstlichen Anweisung drohte ... Zum anderen wollten wir bei den entscheidenden Organen derjenigen Institutionen, welche die Mission förderten, genügend Einfluß gewinnen, um ihnen die Ausführung des Planes auszureden.»[6] Er gewann viel Freunde in der lateinamerikanischen Kirche, aber auch tatkräftige Gegner. Diese bedankten sich für seine «subversive» Tätigkeit und schlugen zurück. Das Studienzentrum verfiel dem römischen «Interdikt»[7].

III.

Aber Ivan Illich rief nicht nur zum «Auszug» aus fragwürdigen Bewegungen groß angelegter Kirchenaktivitäten auf. Er forderte nicht nur den «Exodus» aus untauglichen kirchlichen Strukturen kirchlicher Hierarchie- und Führungsmuster.[8] Er signalisierte und vollzog selbst auch einen Wandel der theologischen und kirchlichen Existenz. Diese Entwicklung weist im katholischen Raum – wenn auch unter erheblich anderen historischen Bedingungen und kirchlichen Sprachprägungen – eine erstaunliche Nähe zu Dietrich Bonhoeffers Weg in der Zeit des evangelischen Kirchenkampfes auf. Bonhoeffer hatte Kirche und Theologie aufgefordert, aus ihrer religiösen Welt und Sprache auszuziehen, um die Welt und Sprache der Menschen in der modernen Gesellschaft zu teilen. Seine Begründung dafür war theologischer, näherhin christologischer Art: Wie Christus Mensch für den anderen geworden ist, müsse seine Gemeinde immer wieder Kirche für die anderen, Kirche für die Welt werden, müsse sie die institutionellen und rituellen Sicherungen, die sie sich geschaffen hat, verlassen und ein «religionsloses Christentum» leben.[9] Es galt ihm, die Welt in ihrer Weltlichkeit ungebrochen ernst zu nehmen, frei geworden für die weltliche Existenz durch den Christusglauben in Absage gegen jede Sakralisierung oder Klerikalisierung der modernen Gesellschaft. Dabei zielte für ihn die «nichtreligiöse Interpretation in einer mündig gewordenen Welt» als Sprache der Christen[10] keineswegs auf eine glaubens- oder theologiefreie Welt und Gesellschaft. Im Gegenteil, es ging ihm um eine Neugestaltung des Welt- und Gesellschaftsverhältnisses seitens der Christen auf Grund radikaler Verwirklichung des Christusglaubens. Das wird an dem Verantwortungsverständnis Bonhoeffers sichtbar. Wolfgang Huber hat es in Gegenüberstellung zu der philosophisch-humanistischen Verantwortungstheorie von Hans Jonas herausgearbeitet: Bei Bonhoeffer «meint Verantwortung ‹die zusammengefaßte Ganzheit und Einheit der Antwort auf die uns in Christus gegebene Wirklichkeit› (...). Das ursprüngliche und letztgültige Forum, vor dem der Mensch sich zu verantworten hat, ist Gott.»[11] Verantwortung des Menschen, die dieser unter «Abschaffung der Transzendenz» und damit schließlich allein vor sich selbst wahrnimmt – wie Jonas es wolle –, gerate in die Gefahr elitärer Vereinsamung. Seiner Tendenz nach stehe dahinter ein undemokratischer Verantwortungsbegriff.[12]

Im theologischen Engagement scheint Illich von Bonhoeffers Lebens- und Denkbeziehung weit entfernt. Theologie und Kirche bilden bei ihm dem Anschein nach keine direkten oder gar zentralen Forschungs- und Publikationsthemen mehr. Er ist der unmittelbaren Kirchenarbeit entwachsen. Seine kritischen Auseinandersetzungen mit den großen Problemfeldern der modernen Industriegesellschaft, wie dem Schul- und Gesundheitswesen, der Energieversorgung, der Ökologie und Ökonomie, haben in den letzten fünfzehn Jahren seine Aufmerksamkeit beansprucht, nicht Kirchenfragen. Hierin hat er einen gründlichen Exodus aus dem Feld seiner früheren Lebensgeschichte und Sprachwelt vollzogen. Ob all das aus eigenem Impuls heraus geschah oder wesentlich durch die Reaktionen bestimmt war, die ihm von einigen Institutionsspitzen seiner Kirche entgegenkamen, kann man hier auf sich beruhen lassen. Aber Wolfgang Huber hat in überraschender Weise darauf verwiesen, daß es sich lohnt, dem Theologen Illich nachzugehen. Freilich müsse das mit einem neuen Verständnis von Theologie geschehen, nämlich mit einer Theologie, die sich nicht mehr exklusiv, sondern kommunikativ sehe.[12a]

Gerade in diesem Zusammenhang liegt der Exodus, den Illich für die Theologie und für die Kirche anmahnt, indem er ihn selbst vollzogen hat. Es scheint ein Grundübel von Kirche zu sein, das nicht nur, aber doch besonders signifikativ im Katholizismus manifest ist, nämlich kirchliche Gesinnung und Haltung zuerst am Einsatz eben für die (eigene!) Kirche zu bemessen. Theologie hat in diesem Verständnis vornehmlich eine Dienstfunktion für die Verteidigung, Erhaltung und Ausdehnung dieser Kirche. Sozialwissenschaftlich gesehen steht dabei die Systemstabilisierung und -erweiterung im Vordergrund. So unerläßlich es nun für Christen sein muß, die Kirche selbst und ihre freie Wirkungsmöglichkeit im Auge zu haben, so unerläßlich ist hier eine rechte Prioritätensetzung. Denn die Kirche nimmt ihre ganze Existenzberechtigung aus ihrem Auftrag, nicht aus ihrer Selbstbestätigung. Sie soll den Menschen die freimachende und friedenstiftende Botschaft Gottes verkünden. Kirche ist um des Evangeliums willen da, nicht umgekehrt. Die Verheißung seiner neuen Gerechtigkeit, seines Friedens und seiner Freiheit Wirklichkeit werden zu lassen, ist ihr sinngebender Auftrag. Überall wo um die neue Gerechtigkeit und Freiheit gerungen wird, sollten Menschen der Kirche sich daher freuen, ganz losgelöst davon, ob kirchliche Institutionen dabei gefördert oder kritisch herausgefordert werden. Es geht eben nicht exklusiv um Kirche, sondern es geht kommunikativ um die Solidargemeinschaft aller Menschen untereinander zugunsten einer menschlicheren Welt. Das aber ist ein Grundthema von Ivan Illich.

Übrigens befindet er sich mit einem so gearteten Theologie- und Kirchenverständnis im guten Einklang mit den Beschlüssen seiner Kirche auf dem Zweiten Vatikanum. Nur daß viele Kirchenkreise vor dem Risiko eines entsprechenden Exodus kräftig zurückschrecken und ihr Heil zuerst im «Verein unter sich» oder im kirchlichen Integrationskurs sehen. Das genannte Konzil hatte seine Vorstellungen gegen ein exklusives oder oppositionelles Kirchenverständnis zur übrigen Gesellschaft hin mit intensiven Begriffen der Solidarität formuliert. Es hatte ein Reform- und Orientierungsprogramm entworfen, wenn es formulierte, die Kirche sei «in die ganze Menschheitsfamilie eingefügt»; sie verstehe sich ihr in «Verbundenheit, Achtung und Liebe» zugeordnet und wolle daher über alle drängenden Weltprobleme in einen engen Austausch mit ihr treten. Denn «es geht um die Rettung der menschlichen Person, es geht um den rechten Aufbau der menschlichen Gemeinschaft»[13]. Illich hat diese Verbundenheit mit dem Menschen und mit der Gesellschaft zu seiner theologischen Existenz gemacht, indem er «untheologisch» Theologe wurde, betroffen durch unsere gemeinsamen Überlebensprobleme. Zu Beginn dieses Marburger Kolloquiums wurde er auf sein Theologieverständnis hin befragt. Er antwortete: «Ich will als Christ sprechen, aber auch als Theologe. Ich verwende meine theologischen Kenntnisse, um aus meiner kulturgeschichtlichen Analyse jene Voraussetzungen auszuklammern, die aus meinem Glauben in sie hineingetragen werden könnten. Meine Ausführungen sollten verständlich und überzeugend sein ohne Bezug auf meinen Glauben. Das Dorf, das ich beschreibe, hat nachprüfbar die Lage und Gestalt, die ich vermittle ...[14]

Gleichwohl, fügte er hinzu, würde er das Wagnis der Offenheit bei den Gesprächspartnern begrüßen, Gott und christlichen Glauben nicht grundsätzlich als sinnvolle Lebensmöglichkeit auszuschließen. «Etsi Deus daretur» – «So als ob es Gott geben könne»: diese Voraussetzung offenen Denkens, die Anselm von Canterbury der Begegnung mit den Nicht-Christen seiner Zeit zugrunde gelegt habe, könne sein Reflexions- und Dialogverständnis treffen.

Dietrich Bonhoeffer drang mit seinem theologischen Exodus aus der traditionellen Sprache der Theologie noch weiter vor. Nach einer Tagebucheintragung von Oskar Hammelsbeck, einem Mitarbeiter in der altpreußischen Bekennenden Kirche, hatten die beiden in einer Zusammenkunft im Januar 1941 in Bonhoeffers Berliner Mansardenwohnung erörtert: «Hier (d. h. im Dienst des Christen in der Welt, E. Bethge) ist erst weiterzukommen, wenn wir den Gedanken unseres ‹gottlosen Daseins› in der Welt radikal fassen. Das heißt, wenn wir jede Illusion fernhalten, als ob wir ‹mit Gott› von Tag zu Tag in der Welt zu handeln vermöchten. Diese Illusion verführt immer wieder dazu, Rechtfertigung und Gnade preiszugeben, und verführt dazu, doch zu ‹verfrömmeln›, eine gesetzliche Ethik zu machen, unfrei zu werden in einer Knechtschaft mit umgekehrten Vorzeichen ...»[15]

Kirchen- und theologieentfremdete Ohren mögen in alledem doch noch eine heimliche Ideologietendenz heraushören und nichts als eine intellektuell clevere Missionierungsmethode sehen. Nun sollte sich niemand erhaben über jeden Verdacht einer ideologischen Tendenzgesinnung geben, auch nicht der Theologe! Dafür ist der Zusammenhang von Wahrheit und Interesse oder von Persönlichkeitsentwicklung und Sozialisationsprägungen durch Ideologie- und Kulturmuster zu hintergründig. Wir alle sind entsprechenden Einflüssen ausgeliefert. Gleichwohl dürfte man sowohl bei Bonhoeffer wie bei Illich den entscheidenden Denkimpuls verkennen, wollte man sie mit fragwürdigen Missionierungsabsichten behaften. Für beide rückte je auf die eigene Weise die Sorge um unsere Welt, um die Anerkennung des Menschen und um unsere Geschichte in den Mittelpunkt, eine Sorge, die von einem Erwartungshorizont der Freiheit für jeden und einer gerechteren Ordnung für uns alle zu sehen ist. In einem der Marburger Gespräche äußerte Illich sich zu seiner Grundeinstellung gegenüber den Menschen in Anlehnung an einen neutestamentlichen Text (Jo 10,10): Er wolle letztlich, «daß sie das Leben haben und daß sie es in Fülle haben».

IV.

Der «Auszug aus Ägypten» kennzeichnet nicht nur den theologischen und kirchlichen Exodus, den Ivan Illich artikuliert hat. Im Zeichen des Exodus können auch jene Initiativen verstanden werden, die Illich in seiner Schul- und Medizinkritik, in seiner Ökonomie- und seiner Energiekritik vollzogen hat. Barbara Duden sieht nicht zuletzt die Geschichtswissenschaften in ihren methodischen Grundlagen durch ihn aufgebrochen, wenn nicht geradezu auf den Kopf gestellt.[16] Von daher dürfte es deutlich werden, warum Illichs Theoriebildung bisher so wenig ernsthafte Beachtung bei den jeweiligen Institutionsvertretern oder Systemanhängern gefunden hat, die universitäre Fachwelt eingeschlossen. Illich ist Priester und betreibt «subversive» Kirchenarbeit. Er ist Theologe und vollzieht seine Gesellschafts- und Geschichtsphilosophie «gott-los», so «als ob es Gott gäbe» – oder nicht gäbe. Er hat in seinen historischen und politischen Analysen allenthalben Karl Marx aufgenommen. Aber er hat ihn gründlich neu interpretiert. Er läßt sich nicht auf die Systematik der Marxisten festlegen. Man kann es so weiter durchdeklinieren, bis zu seiner Energiekritik und seiner Ironie gegenüber allem Allzu-Grünen.

«Es kann verkrampfte Querköpfigkeit sein, immer das Gegenteil des Üblichen zu tun – es kann aber auch Freiheit sein, innere Lösung von der gedankenlosen Bindung ans Selbstverständliche. Was sich von selbst versteht, kann ein starker Halt sein. Aber in Zeiten der Krise (...) wird die unbedachte Selbstverständlichkeit zur tödlichen Gefahr.»[17] Diese Worte, die Dietrich von Oppen auf die Heilige Elisabeth und ihren Einsatz in der bedrohten Welt des Mittelalters anwandte, dürften einen entscheidenden Freiheits- und Befreiungsimpuls treffen, aus dem heraus Illich den Exodus in unserer Zeit anmahnt. Man kann seine kritischen Analysen nicht verstehen, wenn man in ihnen nicht zugleich die Sensibilität für «die tödliche Gefahr» wahrnimmt, in die die Menschheit ihre eigene Geschichte hineinmanövriert hat. Der Protest, mit dem Illich sich immer wieder quer gegen so viel Denk-Übliches stellt, ist als Widerspruch gegen die «unbedachten Selbstverständlichkeiten» zu deuten, deren wir uns alle nur zu leicht schuldig machen.

Illich selbst gibt aufschlußreiche Auskunft im Sinne dieser Deutung. Er bekennt sich dazu, befremden zu wollen. Auf einer Tagung der «Deutschen Gesellschaft für Erziehung und Wissenschaft» äußerte er 1980 in Göttingen: «Darum mache ich auch meine Befremdung vor der Naivität der gängigen Erziehungswut zum Ausgangspunkt meiner Überlegungen. Natürlich weiß ich, daß Befremdung eine Gefahr für den Denker bedeuten kann. Leicht kann Befremdung in Entfremdung umschlagen. So wie das Pharmakon für den Griechen, kann Befremdung für den Denker ein lähmendes Gift bedeuten oder eine heilende Medizin. (...) Aber Befremdung kann auf das Denken auch heilsam wirken, wenn man sie bewußt auf sich nimmt.

Und wenn es jemandem gelingt, in solch erduldeter Befremdung als Denker, ja als Gelehrter, auszuharren – schüchtern und doch nüchtern, eigensinnig und doch heiter –, dann gibt ihm diese Befremdung persönliche Distanz, um sich nicht nur von Dogmen, sondern auch – was schwerer ist – von Loyalitäten zu lösen.

Für so gelöste Menschen ist dann Befremdung der erste Schritt, der über das Staunen und Wundern zur Entdeckung geht: zum Erdichten eines neuen Paradigmas und dann zum kritischen Verständnis dieser Poesie.»[18]

Dem als selbstverständlich Geltenden durch Befremden entgegenzutreten und es neu auf seine Vertretbarkeit zu befragen, hat Illich zur Methode des denkerischen Exodus und damit des kritisch-schöpferischen Aufbruchs ins Neue gemacht.

Dabei dehnt er seine Befremdung bisweilen auch auf persönliche Begegnungsformen aus, gelegentlich sogar bis zur Grenze (über die Grenze?) der Brüskierung. Hier vermag ich Illich nicht zu folgen und möchte mit ihm streiten. Ein Beispiel dafür: Illich hat kürzlich in einer Gesprächsrunde mit Medizinern vertreten, er erachte es als irrelevant, was Ärzte als Mediziner zu seiner Kritik des Gesundheitswesens zu sagen hätten. Die Aussage wirkte brüskierend und löste fast Empörung aus. Wird hier nicht das Pharmakon «Befremdung» zum Gift der «Entfremdung», wenn man die, die sich zum Gespräch eingeladen sahen, wissen läßt, sie seien – jedenfalls als Vertreter der kritisierten Institution – nicht gefragt? Oder ist es erforderlich, an Identifizierungen und Loyalitäten dem eigenen Berufsstand und -bild gegenüber auch einmal so gründlich zu rütteln, weil ihnen gegenüber sonst keine kritische Distanz mehr möglich ist?

Wie es auch in diesem konkreten Fall des Marburger Medizinergesprächs gewesen sein mag, Ivan Illich hat mit seiner persönlichen und theoretischen Methode des Befremdens dem philosophischen Anspruch griechischer Antike eine neue Gestalt und Funktion gegeben. Er hat die Einsicht aktualisiert, daß der Mensch erst dann «nachdenklich» wird, wenn er zum «Thaumazein», zum Staunen, gelangt. Staunen als Aufbruch zum Denken – diese Methode philosophischer Weltbegegnung wurde uns in den Lehr- und Wanderjahren des humanistischen Gymnasiums zugeflüstert. Doch ich gestehe, daß es von mir meist in einem romantischen Kontext der subjektiven Ergriffenheit ausgelegt wurde. Übrigens fand ich mich meist mir selbst gegenüber verlegen, weil ich nicht recht wußte, wie diese Romantik der Ergriffenheit «innen» zu produzieren sei, ohne ebenso konstruiert wie lustig zu werden. Aber Illich hat diese Methode in einen realistischen Kontext gestellt. Realistisch meint dabei einen gesellschaftskritisch überprüfbaren und relevanten Kontext. Ich halte es tatsächlich für unerläßlich, sich gegenüber dem Geltungsanspruch des Selbstverständlichen in unserer Gesellschaft befremdet zu verhalten. Selbstverständlich ist es zum Beispiel immer wieder vielen in unserer bundesdeutschen Gesellschaft, daß «wir Deutschen» die höhere Kulturstufe gegenüber den Türken erreicht haben; selbstverständlich ist es weitesten Kreisen der Industrienationen, daß ihr Bildungsniveau das erfolgreichere und damit schon menschenwürdigere im Vergleich zur nichtindustrialisierten Welt oder gar zu den schriftlosen Ethnien ist, weil es «gebildetere» Menschen geschaffen hat; selbstverständlich ist es, daß unsere Medizin den Menschen eine bessere Gesundheitsmöglichkeit, also ein gesünderes, längeres, weniger leidbelastetes Leben anbietet. Aber wo steht geschrieben, daß das alles so stimmt? Wo nehmen wir die Legitimation her, uns selbst von entsprechenden Erwartungshaltungen leiten zu lassen und sie anderen als lebensorientierende Norm und ungeschriebenes Gesetz für ihre «Entwicklung» aufzuzwingen? Bei Illich kann man lernen, sich diesen «unbedachten Selbstverständlichkeiten» nicht unverantwortlich zu überlassen und den Kampf gegen sie nicht aufzugeben. Auch dann nicht, wenn man keine politische Gruppierung hinter sich hat oder Rückendeckung von tragenden Institutionen erfährt!

V.

Mit seinem Buch ‹*Genus*› hat Ivan Illich eine neue Phase öffentlicher Befremdung eingeläutet. Er hat sich damit nicht nur zwischen zwei Stühle, sondern gleich zwischen mehrere gesetzt. Die «Linke» hält ihn seit längerem nicht mehr für den ihrigen, weil er sich auf ihre Gesellschaftsanalysen nicht dogmatisch festlegen lassen und somit auch nicht auf ihre Strategien einschwören lassen will. Den «Rechten» ist er von eh und je im Farbenspektrum zwischen rosa- und knallrot angesiedelt, je nachdem, welche Brille der Betrachter selbst aufhat. Mit dem Genus-Buch hat Illich sich weltweit nun mit der Feministenbewegung angelegt. Der Untertitel «Zur historischen Kritik der Gleichheit»[19] bringt eine maßgebliche Anfrage des Buches zum Ausdruck. Sie kann so zusammengefaßt werden: Läßt sich die Aussage von der Gleichheit zwischen Mann und Frau analytisch, d. h. den Tatsachenverhältnissen nach, wirklich feststellen, und sollen wir jene Gleichheit zwischen Mann und Frau wirklich wollen, die zunehmend in den Industrienationen aller politischen Systeme zur Durchsetzung drängt? In der Bundesrepublik haben Vertreterinnen der Frauenbewegung am heftigsten auf das Buch reagiert. Bisweilen ließen sie sich zu verbalen Schlägen hinreißen, die unter die Gürtellinie reichten. Die meisten klangen jedoch nur grimmig und enttäuscht, bisweilen ironisch oder einfach aggressiv. «Sentimental und schrecklich eitel», lautete die Überschrift zu einer Besprechung von ‹*Genus*› in der ‹*Zeit*› von Christine Brinck.[20] «Pompös» nennt Frau Brinck ihren kritisierten Autor, weil er den Anspruch geltend mache, aus der Sicht von ‹*Genus*› müsse die Geschichte neu geschrieben werden. «Sentimental» ist er in ihrer Kritik, weil er einer rückwärts gerichteten Utopie huldige, nämlich einer vergangenen Epoche unserer Geschichte, in der die Gesellschaften dem Herrschaftsbereich von Mann und Frau klare Grenzen zuwiesen und damit angeblich den Frieden im privaten und öffentlichen Leben sicherten. «An dieser Einsicht, so sie denn überzeugt, ist partout nichts Neues», meint Christine Brinck. «Böse Zungen mögen sie schlichtweg reaktionär nennen; weniger ideologiebewegte Naturen erkennen in Illichs ‹Historischer Kritik der Gleichheit› die uralte Kritik des Konservativismus an der bürgerlichen, nach-revolutionären Gesellschaft, die sich an der ‹glücklicheren› Zeit des Feudalismus orientiert.» Illich also «als unerwarteter Prophet neuzeitlicher Konservativer, die sich die Frauen zurück in die Küche-Kirche-Kinder-Welt wünschen»[21]! Die Textbelege für diese Deutung müssen im Genus-Buch noch gesucht werden, vorausgesetzt, man hält es nicht für einen Texterweis, vorhandene Einzelaussagen und Perspektiven nach eigener Deutung des Ganzen zu assoziieren und komponiert vorzuweisen.

Freilich soll nicht bestritten werden, daß Illich in seinem diskutierten Buch gelegentlich eine ironische oder fast sarkastische Sprache mit bestimmten Vertretern der Frauenbewegungen spricht. Insofern darf er sich über eine entsprechende Antwortweise nicht wundern. So mokiert er sich über die bürgerliche Lateinamerikanerin, die «gegen Auto, Dienstmädchen und das Recht, mit feministischer Rhetorik zu flirten» den ökonomischen und familialen Einfluß jener Mexikanerin verspielt habe, die – noch in einer früheren Gesellschaftsepoche verwurzelt – jeden Dienstag hinter ihrem Mann hertrottet und dann auf dem Markt Tomaten verkauft, während er Zähne zieht und Zauber preisbietet. «Sie ist voll Respekt vor ihrem Gatten, aber ökonomisch nicht abhängig von ihm. Sie weiß noch, wie man mit Klatsch und Magie Männer an ihrem Platz hält. (...) Die New Yorker Ehefrau hat weder Magie noch Dienstmädchen, ihr fehlen aber auch die Worte, um der Marktfrau zu erzählen, was sie verloren hat.»[22] Ebenso zeuge es von einer «weinerlichen Selbstverständlichkeit», wenn A. I. Richards, ein angelsächsischer Ethnologe, in seinen Forschungen über afrikanische Stammeskulturen Zimbabwes die Stellung der Frau einfach als Unterdrückung charakterisiere.[23]

Man kann sich an derartigen Sprachschlägen ärgern. Aber soll man deshalb den entscheidenden Problemhorizont, aus dem heraus sie geschehen, gar nicht erst zur Wahrnehmung, geschweige denn zur Diskussion zulassen? Dieser Problemkontext im Genus-Buch geht vor allem um die Frage, ob diejenige Art der Gleichheit, die mit den Bedingungen der Warenproduktion in der modernen Industriegesellschaft – kapitalistischer und sozialistischer Prägung – wirksam wird, die Frauen wirklich ökonomisch unabhängiger, politisch mittragender, familial partnerschaftlicher, kurzum gesellschaftlich freier macht. Soll diese neue Gleichheit von uns im allgemeinen und von den Frauen im besonderen wirklich angestrebt werden? Welchen Preis muß die Gesellschaft als Ganze und müssen die Frauen im besonderen zahlen, wenn die neue Gleichheit Endziel der Entwicklung wäre?

Das angezielte Gegenüber liegt für Illich also überhaupt nicht in der Frauenbewegung, auch nicht in ihrer feministischen Prägung. Die Speerspitze seiner Kritik richtet sich vielmehr auf unsere Gesellschaft selbst, insofern sie unter den Voraussetzungen der industriellen, kapitalverwertenden Warenproduktion Mann und Frau zu geschlechtslosen Wesen macht, weil sie sie als unterschiedslose Instrumente im Verwertungsprozeß will. Dieser von Illich als ökonomischer Sexismus bezeichnete Prozeß durchzieht in seinen Augen das gesamte gesellschaftliche Leben der industrialisierten Gesellschaften bis hin zur Militarisierung der Völker.

Die kritische Hauptthese von ‹*Genus*› lautet also: Die scheinbare Gleichheit zwischen Mann und Frau in der modernen Gesellschaft hat alles andere herbeigeführt, als sie in vielen verbalen Bekundungen vorgibt; und sie wird unter den ökonomischen Bedingungen der Industriegesellschaft auch nichts Besseres heraufführen. Die in ihr geführte Rede von der Gleichheit zwischen Mann und Frau muß als Täuschung aufgedeckt werden. Das gilt in doppelter Hinsicht, nämlich als «Vortäuschung falscher Tatsachen» und als (bewußte oder nichtdurchschaute) irreführende Zukunftsverheißung.

Der Sache nach entwickelt Illich diesen seinen gesellschaftskritischen Vorstoß letztlich in einem vehementen Engagement für die Frau. Der Einsatz liegt zunächst darin, daß er – jedenfalls nach Auskunft seiner Analysen und ihrer Auswertung – die doppelte Täuschung entlarven will. Und er will weiterhin dadurch die Auseinandersetzung provozieren, ein emanzipatorisches Grundkonzept zugunsten der Frau in der Gesellschaft zu entwickeln, das nicht auf Irrtum und Illusion baut, sondern die wirkliche Chance der größeren Freiheit für sie und damit des aussichtsreicheren Kampfes gegen ihre Entfremdung enthält.

In einem so gearteten Reflexionszusammenhang hängt natürlich Grundlegendes von der Richtigkeit der Analysen ab. Aber Illich kann eine ganze Palette von Erhebungen im Sinne seiner These vorweisen. Allein aus dem Bereich der ökonomischen Verteilungskämpfe – mit allen ihren Folgen für die gesellschaftliche Unabhängigkeit – kommt er zu dem Ergebnis: «Politische Ökonomie (...) ist konfrontiert mit ihrem ständigen Versagen, ökonomische Gleichheit zwischen den Geschlechtern herzustellen.»[24]

Aus der Bundesrepublik sind uns entsprechende Datenbelege durch verschiedene sozialwissenschaftliche Studien bekannt. Illich kann sie aus interkulturellen und -politischen Vergleichen seltenen Ausmaßes erweitern. Sie betreffen:

- die Hindernisse für die Frau bei allen Versuchen des ökonomischen, sozialen, wissenschaftlichen und politischen Aufstiegs;

- die Doppelbelastung der berufstätigen Frau, sofern sie sich überhaupt ins Konkurrenzfeld der bezahlten Arbeit hineinbegibt, übrigens laut mehreren Untersuchungen besonders groß in der UdSSR[25];
- den überwältigenden Anteil unbezahlter «Schattenarbeit» für die Frau, die sie zugleich auch in neuer – sexistischer – Form diskriminiert[26];
- ungleiche Bezahlung zwischen Mann und Frau für gleiche Arbeit; («In jedem Land vermehren sich Gewalt und Diskriminierung proportional zur ökonomischen Entwicklung: Je mehr Geld verdient wird, desto mehr Frauen verdienen weniger als Männer – und desto mehr Frauen werden vergewaltigt»[27]);
- die Arbeitslosigkeit, durch die besonders Frauen bei Arbeitsmarktschrumpfung betroffen sind.[28]

In diesem Katalog der Beweise spielt übrigens in Illichs Einschätzung die Belastung durch die «Schattenarbeit» eine besondere Rolle. Er glaubt sichtbar machen zu können, daß es sich bei der «Schattenarbeit» «um eine Kategorie menschlicher Tätigkeiten handelt, die erstens einzigartig und charakteristisch für die Moderne (ist), und zweitens strukturell verschieden von Lohnarbeit und noch fundamentaler als diese»[29]. Illich ist der Auffassung, daß die negative Bedeutung dieser neuen Kategorie der Arbeit – zumal für die Frau – bisher weder von der Anthropologie noch von der politischen Ökonomie, auch nicht der marxistischen, noch von den Feministen einigermaßen treffend als spezifisches Phänomen der Moderne erfaßt wurde.

Die genannten Befunde der Gesellschaftsanalyse führen Ivan Illich zu der bereits skizzierten grundlegenden Frage: Wie sieht es aus, wenn die proklamierte Gleichheit von Mann und Frau unter den Bedingungen der modernen Ökonomie überhaupt nicht zu erreichen ist? Er gibt darauf selbst die Antwort: «Im Gespräch mit Frank Hubney kam ich zu dem Schluß: Der Kampf um die ökonomische Gleichheit zwischen geschlechtslosen Menschen mit verschiedenen sekundären Geschlechtsmerkmalen ähnelt den Bemühungen um die Quadratur des Kreises. (...) Wir müssen allmählich begreifen, daß das Paradigma des homo oeconomicus unvereinbar ist mit dem, was und wie Frauen und Männer wirklich sind.»[30] Das also ist das erste Ergebnis der vorgenommenen Analysen: Die Desillusionierung gesellschaftlicher Zielvorstellungen in Sachen der Gleichheit! Die diesbezüglichen Verheißungen, die unter dem Gewande des epochalen Fortschritts in der Koppelung mit Wirtschaftswachstum, Technologie-Gigantismus und Entwicklungsideologie einhergehen, haben in Wirklichkeit einen bedrohenden Humanitätsverlust für Mann und Frau durch die Zerstörung jener Lebensbeziehungen zwischen ihnen eingebracht, die vor der warenökonomischen Produktion in unserer Geschichte bestanden. Diese letzteren Lebens- und Gesellschaftsbeziehungen will er mit dem Begriff des «vernakulären Genus» im Gegensatz zum «ökonomischen Sexus» benennen.

VI.

Es ist verständlich, wenn ein derartiges Theoriekonstrukt die verschiedenen kritischen Fragen provoziert. Geht es nicht doch um Träumereien von der «schönen alten Zeit», wenn auch in hoher Sprachform? (vergleiche oben Christine Brinck). Oder: Liegt nicht ein Rückfall in eine fragwürdige Naturrechtstheorie vor, die mit der Feststellung darüber, «was und wie Frauen und Männer wirklich sind», die eingefleischte Natur oder gar das schöpfungsbedingte Wesen von ihnen über Jahrtausende hinweg behauptete und damit den Konservativ-Reaktionären aller Epochen eine ideologische Immunisierungsstrategie gegen jeden emanzipatorischen Impuls zugunsten der Frau anbot? Oder schließlich: Handelt es sich hier nicht um den Rückfall in einen ethischen Begründungszusammenhang, den David Hume bereits als unhaltbar aufgedeckt hat? Diese vorkritische Argumentationsweise wollte das Sollen vom Sein her festlegen. Auf gesellschaftlicher Ebene hat das dann bedeutet, daß die bestehenden Verhältnisse schlechthin zum Maßstab aller ethischen Berechtigung gemacht und damit jede prophetisch geforderte Veränderung derselben zugunsten einer besseren Zukunft erstrebt wurde.

Diese Positionen widersprechen jedoch so grundlegend dem sprachlichen und denkerischen Exodus von Ivan Illich, daß man von daher die These geltend machen kann, hier müsse es sich um eine gründliche Fehlinterpretation seiner Vorstellungen handeln. Natürlich kann man auch den vorandrängenden Kräften der Ökologie- und Friedensbewegung den Vorwurf machen, sie würden in rückwärtsgerichteter Romantik den Bedürfnissen der nationalen Sicherheit und des ökonomischen Fortschritts im eigenen Land oder überhaupt in der Industriegesellschaft widersprechen. Aber damit geht man nicht nur an ihrem Selbstverständnis vorbei, sondern man bringt auch nicht ihre historische Herausforderung vom Tisch. Die Umsetzung der nationalen oder politisystematischen Sicherheitsbedürfnisse in die derzeitige Militärpolitik der Industriemächte erweist sich inzwischen offenkundig als kontraproduktiv für das Sicherheitsbedürfnis der Menschheit. Ein Beispiel für andere, das den Theorieansatz Illichs in seiner zukunftsorientierten Qualität erhellen könnte! Von daher läßt sich die Interpretationsthese für ihn aufstellen, daß seine historischen Analysen über die früheren Epochen, in denen sich die gesellschaftliche Zuweisung im Geschlechterverhältnis im Sinne des «vernakulären Genus» vollzog, gar nicht rückwärtsbezogen zu lesen sind. Sie sind vielmehr das Interpretationsmaterial, um ein zukunftsträchtiges Beziehungsverhältnis zwischen Mann und Frau in der Gegenwart zu entwerfen, ein Verhältnis, das Illich mit dem Begriff der «asymmetrischen Komplementarität» zu bestimmen versucht. Mann und Frau sollen werden können, was sie sind: nicht geschlechtslose Wesen, die als Neutra von den gesellschaftlichen Funktionen her lediglich nivelliert zu reagieren haben. Vielmehr ist die Beziehung als gegenseitige Ergänzung unter klarer Bejahung der je eigenen Identität und damit auch der asymmetrischen Ungleichheit zu gestalten, und zwar im privaten wie im öffentlichen Bereich. Dabei darf nicht das Diktat der industriellen Produktion der oberste Maßstab der Beziehungsentwicklung sein, sondern jener Entfaltungs- und Freiheitsanspruch, den Mann und Frau in ihrem je eigenen Menschsein allen Funktionsbedürfnissen der Ökonomie voranzustellen berechtigt sind.

Wer die Theorie des Aristoteles über Recht und Gerechtigkeit in der freien «Polis» kennt, wird unwillkürlich an seine grundlegende Unterscheidung in der Bestimmung des «Gerechten» erinnert. Für den griechischen Philosophen ist es unzutreffend und daher unannehmbar, im Hinblick auf das Staats- und Gemeinwesen einen undifferenzierten Gleichheitsanspruch für alle zur Grundlage des Rechtsdenkens zu machen. Zwar gibt es auf der Ebene der Tauschgerechtigkeit die Forderung, das quantitativ Gleiche im Verhältnis zum Geschuldeten demjenigen zukommen zu lassen, dem man etwas schuldet. Aber dieses quantitativ Gleiche kann doch nicht die alleinige Bemessungsgrundlage für zwischenmenschliche Gerechtigkeit sein. Es wäre Unsinn, wollte man im Namen der Gerechtigkeit fordern, eine Mutter müsse ihrem Säugling die gleiche Portion Fleisch beim Mittagstisch zuteilen wie ihrem fünfzehnjährigen Sohn. Gerechtigkeit hat vielmehr den Anspruch jedes einzelnen, in dem was ihm zukommt und im Bezug zum Ganzen des jeweiligen Sozialgebildes, also etwa der Familie, des städtischen Gemeinwesens oder des Staates, zu berücksichtigen. Es kann also nicht einfach um das Quantitativ-Gleiche, sondern muß um das Verhältnis-Gleiche gehen, wenn man nach dem Gerechtigkeitsmaß in der menschlichen Gesellschaft sucht. «Das also ist das Gerechte: das Proportionale. Und das Ungerechte ist der Verstoß gegen das Proportionale», heißt es prägnant in der Nikomachischen Ethik.[31] Der Sache nach sollte die Stoa die Proportionalitätsforderung in die Form des «suum cuique» fassen, also «für jeden das Seine» verlangen, nicht aber das Gleiche. Der Grundsatz hat unsere Rechtstradition fundamental geprägt. Unrecht geschieht danach immer dann, wenn man jemandem das, was ihm zusteht, streitig macht.

Natürlich kann dieser Grundsatz von unzähligen Seiten pervertiert werden. Wer legt fest, worin für jeden «das Seine» besteht? Für die Frau und den Mann, den Schwarzen und den Weißen, den Arbeitgeber und den Arbeitnehmer – zum Beispiel. Die Einsicht, daß im Verhältnis-Gleichen das Maß für gerechte Verteilung zu liegen hat, reicht somit allein nicht aus. Sie muß immer neu mit Rechtsvernunft und Rechtswillen zur Wirkung gebracht werden. Wer keinen Rechtssinn und keinen Rechtswillen hat, kann aus dem «Suum cuique» eine Anspruchstheorie für die Privilegierten und eine Unterdrückungsideologie für die Entrechteten machen. Das ist in der Geschichte auch mit unzähligen Variationen geschehen und feiert zur Zeit bei Lobrednern für die Leistungsgesellschaft wieder Urständ. Insofern muß die Forderung nach dem Quantitativ- oder Inhaltlich-Gleichen eine kritische Schutzfunktion gegen den Mißbrauch der Verhältnisgleichheit behalten. Der Ruf nach «Egalité» in der Französischen Revolution verlangte die materiale (inhaltliche) Rechtsgleichheit zwischen Adel und Bürgertum als unerläßliches Korrektiv gegen die «angestammten» Vorrechte der Feudalschicht und ihren absolutistischen Status. Aber der historische Mißbrauch des Proportionalitätsprinzips ändert nichts an seiner grundsätzlichen Notwendigkeit. Wir können darauf für unser gesellschaftliches Miteinander einfach nicht verzichten. Das Maß der proportionalen Gleichheit generell durch den Anspruch der quantitativen oder materialen Gleichheit für alle zu ersetzen, wäre ebenso unsinnig wie es seinerseits rabiates Unrecht produzieren würde. Das eben erwähnte kleine Beispiel aus dem familialen Zusammenleben kann beliebig auf größere gesellschaftliche Verteilungsprobleme ausgedehnt werden. Die Anfrage, die Illich mit ‹*Genus*› in die Diskussion geworfen hat, geht eben darum, ob wir mit materialen Gleichheitsvorstellungen für Mann und Frau nicht einem Unsinn nachgehen, der sich in der praktischen Bemühung um Verwirklichung schließlich als

Unfug herausstellen muß. Seine wirtschafts-, politik- und sozialgeschichtlichen Analysen zum Geschlechterverhältnis dürften nicht zuletzt deshalb so kultur- und epocheübergreifend angelegt sein, weil er beabsichtigte, aus weitgespannter historischer Erfahrung einer unsinnigen Erwartungshaltung den Boden zu entziehen. An dem von ihm herausgestellten analytischen Befund dürfte tatsächlich nicht zu rütteln sein, daß vor dem Industriezeitalter nirgends eine material gleiche Macht- und Herrschaftsverteilung, sondern wenn, dann ein anderer Macht- und Herrschaftsausgleich wirksam geworden ist. Er nennt die sozialanthropologische Grundlage für diesen Ausgleich die «asymmetrische Komplementarität» zwischen Mann und Frau.

VII.

Die Gegenseitigkeitsergänzung zwischen Mann und Frau im Kontext ihrer «Asymmetrie» kann nun keineswegs einfach als analytisches Ergebnis gewertet werden. Im Sinne des geschichtlichen Aufbruchs, den Illich lebt und denkt, ist in ihr ein gesellschaftsgestaltendes Zukunftsmodell für das Geschlechterverhältnis zu sehen. Es geht nicht einfach um historische Tatsachenfeststellung und -einordnung, es geht zugleich und viel mehr um einen kritischen Theorietopos für den Prozeß unseres weiteren Miteinanders. Von daher ist es einfach naiv, dem Autor zu unterstellen, er wolle in rückwärtsgerichteter Romantik die Rolle der Frau an Kochtopf, Kinderwiege und als dienende «Magd des Herrn» reproduzieren. Dafür wird man weder in seinen Publikationen noch – und um vieles weniger – in den Physiognomien seiner Freundschaftswelt einen Anhaltspunkt finden.

Gleichwohl läßt sich eine grundlegende Anfrage an Ivan Illich hier nicht zurückdrängen. Sie richtet sich auf die inhaltliche Füllung und die nähere Bestimmung dessen, wie er sich sein Modell der «asymmetrischen Komplementarität» zwischen Mann und Frau unter der Bedingung der neuzeitlichen Freiheitsgeschichte und damit zugleich der modernen Menschenrechtsentwicklung denkt. Inhaltlich hat er die emanzipatorische Dimension seines Konzeptes für die Beziehung zwischen Mann und Frau viel zu wenig beschrieben. Daß es dabei auf dem Hintergrund unserer androzentrischen Kulturtradition vornehmlich um die Chancenerweiterung der Frau im gesamten Bereich des Öffentlichkeitslebens geht, wird er schwerlich bestreiten können. Die historischen und gegenwartsrelevanten Faktenverhältnisse sind dafür zu eindeutig, um nicht zu sagen überwältigend. Illich muß sich allein schon deshalb dieser Kritik stellen, um sich nicht gegen seinen Willen von Kräften des Neokonservativismus vereinnahmen und mit seinen Analysen mißbrauchen zu lassen.

«Ich habe keine Strategien anzubieten», schreibt er. «Ich weigere mich, Spekulationen über mögliche Rezepte anzustellen.»[32] Dieser Behutsamkeit kann ich zustimmen, verbirgt sich doch zu leicht auch unter «Strategien» etwas an politischer Rezeptur, die die vielfältigen gesellschaftlichen Prozesse in zu eng geschneiderte pragmatische Schemata zu pressen versucht und damit schnell kontraproduktiv für einen wirklich emanzipatorischen Prozeß wird. Aber Illich geht weiter: «Ich will verhindern, daß die Schatten der Zukunft auf die Entwürfe fallen, mit denen ich zu erfassen suche, was war und was ist.»[33] Denkt er wirklich nicht auf Zukunft hin? Wer das ablehnt, vermag auch nicht gegenwärtig zu leben – und vermag nicht zu sagen, was wir tun sollen, um als Menschen zu leben und zu überleben. Eben darum muß es aber letztlich in der Philosophie, auch und gerade in der Sozialphilosophie, gehen, will sie Philosophie im ursprünglichen Sinn sein, nämlich Reflexion zum besseren Leben. Illich weiß das. Er will durchaus etwas bewegen im öffentlichen Kampf gegen den Sexismus, gegen die Zerstörung der Umwelt und gegen die radikale Monopolherrschaft der Warenproduktion und Dienstleistungen über die einfachen Bedürfnisse der Menschen.[34] Seine Theorienbildung ist auf politisches Tun – und damit auf Zukunft – ausgerichtet: «Die Erkenntnis, daß die Begrenzung wirtschaftlichen Wachstums, aus Gründen, die für jede der drei Bewegungen spezifisch sind, nicht nur eine negative Notwendigkeit, sondern eine positive Bedingung für ein besseres Leben ist, kann von der theoretischen Übereinstimmung zur gemeinsamen Aktion führen.»[35] Zugegeben, der Philosoph – oder auch der Asket und der Poet, von denen er spricht – kann es den politischen Praktikern überlassen, die gemeinsamen Aktionen konkret zu planen. Aber gehört es nicht zu ihrer Aufgabe, die inhaltlichen Ziele so weit zu reflektieren, daß diese zur «idée force», zur mitreißenden «Idee» politisch-praktischer Bewegungen werden können?

Die Inhalte werden von Illich weitgehend nur in einer Art Negativfolie zur Sprache gebracht. Er zeigt, was so nicht weitergehen kann, wogegen zu kämpfen ist, was sich in gängigen Zielvorstellungen und Erwartungen bei genauerem Hinsehen als Nonsens, Phantasiegebilde oder Irreführung dartut. Aber er arbeitet seine eigene «Idée force» inhaltlich nicht aus, beschränkt sich vielmehr auf Anspielungen, Hinweise und offene Sprachzeichen. Vielleicht transponiert er hier in die Sozialphilosophie, was in einer bestimmten Theologie, der «Theologia negativa», zu den grundlegenden Einsichten ihrer Sprachphilosophie gehörte. Und von diesen Einsichten waren nicht die geringsten unter den Glaubensdenkern getragen. Die Tradition der «Theologia negativa» war einerseits von der Erkenntnis bestimmt, daß Gott für Mensch und Welt die größte und vollendetste Wirklichkeit ist, und war andererseits davon betroffen, daß wir jene Wirklichkeit nie begrifflich fassen und somit nie identifizierend zur Sprache bringen können. Man kann Illichs sprachliche Zurückhaltung gegenüber dem, worauf unsere gesellschaftliche Zukunft sich inhaltlich umfassend zu richten hat, einmal im Horizont dieser «docta ignorantia» – dieser «weisen Unwissenheit» – sehen. Dann läge in ihr eine Herausforderung, die Offenheit der Zukunft nicht durch vorprogrammierende Rationalitätsmuster einengen zu lassen. Sie wäre zugleich eine Herausforderung, die Kunst des Lebens als Offenheit für Überraschungen immer neu zu erlernen. Dennoch halte ich meine Anfrage an Illich aufrecht, genauer mit denen, die danach fragen, zu suchen, wie wir den Weg nach mehr gemeinsamer Menschlichkeit in einer Welt finden können, in der der Turmbau zu Babel alle Entwicklung zu bestimmen scheint.

Wolfgang Huber

Die Erfahrung des Wandels feiern

Ivan Illich als Theologe[1]

1. Spuren der Theologie

Von Herkunft und Ausbildung ist Ivan Illich Theologe; doch nicht als solcher ist er berühmt geworden. Vielmehr fasziniert er ein großes Publikum als einer der wenigen Generalisten, die die Grenzen zwischen Wissenschaften und Denkformen mit derselben Souveränität überschreiten wie die Grenzen zwischen Kontinenten. Je weiter seine Themen ausgreifen, desto spärlicher werden – jedenfalls für den an der Oberfläche haftenden Blick – die Bezüge zur Theologie. Die Verständigung über die aporetische Lage unserer Zivilisation, auf die er zielt, soll nicht an bestimmte Glaubensvoraussetzungen gebunden sein. Dennoch sind bei genauerem Hinsehen die Spuren theologischen Denkens in Illichs Werk unverkennbar: tief eingegraben und klar konturiert. Manche Konflikte mit den Verwaltern der reinen Lehre haben der Treue zur eigenen Herkunft vielleicht eine neue Form gegeben, sie jedoch nicht ausgelöscht.

Am Beginn seiner Marburger Vorlesungen im Wintersemester 1983/84 hat Illich sich ausdrücklich als Christ und Theologe vorgestellt: «Ich will als Christ sprechen, aber auch als Theologe. Ich verwende meine theologischen Kenntnisse, um aus meiner kulturgeschichtlichen Analyse jene Voraussetzungen auszuklammern, die aus meinem Glauben in sie hineingetragen werden könnten. Meine Ausführungen sollten verständlich und überzeugend sein ohne Bezug auf meinen Glauben.» In diesen Sätzen steckt eine erste Beschreibung des Verständnisses von Theologie, mit dem Illich arbeitet. Theologie wird hier als *kritisches Instrument* verstanden. Sie ermöglicht die Unterscheidung zwischen Glaubensvoraussetzungen und wissenschaftlicher Analyse. Diese Funktionsbestimmung ist ungewohnt, aber treffend. Sie gewinnt heutzutage in eben dem Maß an Gewicht, in dem eine große Zahl von Menschen, Wissenschaftler eingeschlossen, die Sprache des Glaubens nicht mehr versteht; aus Mangel an Aufklärung wandern deshalb Glaubensvoraussetzungen (oft ziemlich kruder Form) in die vermeintlich aufgeklärtesten Analysen ein. Am anschaulichsten ist noch immer das Beispiel jener Sozialwissenschaftler, die entweder die vorfindlichen Institutionen oder deren revolutionäre Umwandlung mit eben den Heilserwartungen überfrachten, die vordem in der Sprache des Glaubens bearbeitet wurden. Es gibt genügend Erfahrungen, die belegen, daß kulturgeschichtliche und sozialwissenschaftliche Analysen nur zum eigenen Schaden auf solche theologische Kritik verzichten können.

Doch die Spuren der Theologie im Werk Ivan Illichs reichen weiter. Bei einem seiner Auftritte vor einem Gremium des Ökumenischen Rats der Kirchen wurde Illich als «Wanderprediger des Offensichtlichen» bezeichnet.[2] Der Anklang an die Theologie ist schon in der Bezeichnung als Prediger unüberhörbar. Tiefer aber geht diese ironische Bezeichnung in anderer Hinsicht. Denn in der Tat könnte eine der wichtigsten Aufgaben der Theologie eben darin bestehen, das Einfache und Offensichtliche in überraschender Weise zu sagen. Dies gilt jedenfalls, solange unter der Decke der Administration von Glaubenswahrheit durch kirchliche Großorganisationen das prophetische Element nicht völlig erstickt werden kann, das die jüdisch-christliche Tradition bestimmt. Denn Prophetie meint nichts anderes als jene Diagnose der geschichtlichen Gegenwart, die im Licht der verheißenen Zukunft, für die der Name Gottes steht, die Kräfte benennt, die die Gegenwart beherrschen und die Geschichte der Verheißung in eine Verhängnisgeschichte zu verkehren drohen. Wer sich der Tradition prophetischer Kritik verpflichtet fühlt, kommt nicht umhin, hart am Wind der gegenwärtigen Wirklichkeit zu segeln und um der Gegenwart willen den Kräften und historischen Wandlungen nachzuspüren, von denen ihre Gestalt bestimmt ist. Zu den Aufgaben der Theologie gehört es also, den Gründen nachzugehen, ohne die das Offensichtliche nicht zu verstehen ist. Wenn das stimmt, ist Ivan Illich ein Theologe in exemplarischem Sinn.

Noch in anderer Hinsicht lassen sich theologische Prägungen in Illichs Werk erkennen. Seine kulturgeschichtlichen Analysen sind häufig am impliziten oder expliziten Leitfaden der Kirchengeschichte, insbesondere der Geschichte des europäischen Christentums, entworfen. Die karolingische Renaissance, das 12. Jahrhundert als europäische Achsenzeit, die Bedeutung der Reformation für die Entstehung von Nationalkulturen, die Säkularisierung seit dem 18. Jahrhundert sind Stationen, die immer wieder erwähnt werden. An ihnen zeigt sich für Illich die prägende Bedeutung der Christentumsgeschichte für die Kulturgeschichte, soweit sie europäisch oder von Europa aus bestimmt ist.

Was für die Kulturgeschichte gilt, trifft auch für die von Illich vorgebrachte Institutionenkritik zu. Sie läßt sich in den allermeisten Fällen als eine Form der Kritik entschlüsseln, die am Modell der Kirche, insbesondere der römisch-katholischen Kirche, entwickelt und geschult ist. *In nuce* entwickelt Illich eine Theorie der Entwicklungsstadien von Institutionen, die am Beispiel der Kirche gebildet ist; die entscheidenden Umbrüche in der Entwicklung von Institutionen finden sich exemplarisch alle in der Entwicklungsgeschichte der Kirche als Institution versammelt. Nirgends kann man deutlicher als an ihr die folgenreiche Bedeutung von «Umstülpungen»[3] studieren. Man denke an den Übergang von der Vielfalt vernakulärer Sprachen zu den reglementierten «Muttersprachen», an den Übergang vom Reichtum der selbständig angeeigneten Glaubenstraditionen zum verwalteten Glauben, also an die Entwicklung der Kirche zu einer Anstalt, die einen Monopolanspruch auf die Verwaltung der Heilsgüter erhebt[4]; man erinnere sich daran, daß sich zuallererst in der *Mutter* Kirche die Ausweitung der Bereiche vollzog, in denen der Mensch als Betreuungsobjekt wahrgenommen und behandelt wird. Nirgends deutlicher als an der Geschichte der Kirche also kann man jene Entwicklung rekonstruieren, in der die dezentrale Gestaltung «gemeinen» Lebens zugunsten zentraler Organisation und Verfügung aufgehoben wird.[5] Illich ist dabei keineswegs der einzige und auch nicht der erste, der die Kirche vor allem unter der Perspektive des Zwangscharakters sieht, der ihr als Institution eignet. Lange vor ihm und auf durchaus anderem Hintergrund hat etwa aus eben diesem Grund Max Weber von der Kirche nicht in der Religionssoziologie, sondern in der Herrschaftssoziologie gehandelt.[6] Es ist kein Zufall, daß die Kritik an der Expertokratie über lange Zeit das Herzstück von Illichs kritischen Analysen war; denn deren exemplarischer Fall ist die Kritik der Priesterherrschaft.

Wir stoßen also auf mindestens drei Formen, in denen Theologie für Illichs Arbeiten von aktueller Bedeutung ist: Theologie als kritisches Instrument zur Unterscheidung zwischen Glaubensvoraussetzungen und wissenschaftlicher Analyse; Theologie als die Aufgabe, das Einfache in überraschender Weise zu sagen und den Gründen nachzuspüren, ohne die das Offensichtliche nicht zu verstehen ist; und schließlich historische Theologie als die grundlegende Form von Kulturgeschichte und Institutionenkritik.

2. Ohnmacht und Chance der Kirche

Nachdem ich zunächst versucht habe, die Bedeutung der Theologie für das Werk von Ivan Illich insgesamt in den Blick zu nehmen, wende ich mich nun seiner thematischen Behandlung der Kirche als Institution zu. Die wichtigsten Texte, die diesem Thema gewidmet sind, stammen aus einer frühen Phase von Illichs Veröffentlichungen; sie werden durch einen neueren Text ergänzt. Deshalb liegt zunächst eine historische Interpretation dieser Texte nahe. Ich folge jedoch, des Verfremdungseffekts bewußt, einer systematischen Perspektive, unter der ich Illichs Äußerungen zur Sache als Einheit zu verstehen suche.

Voraussetzung

Ich frage zunächst nach dem Vorverständnis, von dem aus Illich sich dem christlichen Glauben und der Kirche zuwendet. Ich finde es in dem Aufsatz über die «Ohnmacht der Kirche» ausgesprochen, in dessen Vorbemerkung es ausdrücklich heißt: «Mittelbar bringt sie (sc. diese Ansprache) zum Ausdruck, was es für mich bedeutet, Christ zu sein.»[7] Die Ansprache selbst endet mit dem Satz: «Ich möchte meinen Glauben ohne jeden Zweck feiern.»[8] Hinter diesem Satz stehen vielfältige Erfahrungen damit, wie der Glaube als Legitimationsgrundlage für politische Herrschaft oder karitative Programme, für Strategien der Bestandssicherung oder des revolutionären Umbruchs verzwecklicht wird. Illich, so scheint mir, steht all diesen Instrumentalisierungen des Glaubens in der gleichen kritischen Distanz gegenüber – unabhängig davon, wie sympathisch ihm die Programme sein mögen, die dadurch eine höhere Weihe erhalten sollen. Er will zunächst gegenüber aller Verzwecklichung daran festhalten, daß es sich beim Glauben um eine Erfahrung handelt, die in keiner anderen Erfahrung aufgeht.[9] Vor der Frage, ob ein bestimmtes Handeln zu den *Folgen* verantworteten Glaubens gehört, wird der Glaube *selbst* als eine Bestimmtheit des Lebens erfahren, die über alle menschliche Aktivität hinausweist. Da der Glaube nicht mit den Zwecken unseres Handelns identisch ist, kann er nur ohne jeden Zweck gefeiert werden. Die Folgerung für den Begriff der Kirche liegt auf der Hand: Die Kirche ist der Ort, an dem der Glaube ohne jeden Zweck gefeiert werden kann.

Von dieser elementaren Voraussetzung aus ergibt sich eine kritische Perspektive auf die Entwicklung und die Funktionen der Kirche. Von ihrem Ursprung her ist sie zu verstehen als die Vielfalt der menschlichen Gemeinschaftsformen, in denen der Glaube gefeiert, seine Ursprungsgeschichte immer neu erzählt und gegenwärtiges Leben unter der Perspektive der dem Glauben mitgegebenen Verheißung immer wieder neu gestaltet wird. Die Geschichte der Kirche jedoch ist dadurch bestimmt, daß die Wahrheit des Glaubens zentraler Verwaltung unterworfen wird und daß die Formen, in denen er gefeiert wird, einheitlicher Reglementierung unterliegen. Seine Ursprungsgeschichte wird zum Dogma verfestigt; die Einheit der Kirche soll durch die Einheit des kirchlichen Amts gewährleistet werden. Die Kirche wird zur Institution oder – in der Sprache Max Webers – zum Herrschaftsverband. Charakteristisch für sie ist gerade, daß sie den Glauben nicht ohne jeden Zweck feiert, sondern verzwecklicht. Sie stellt ihn in den Dienst des Interesses, an der politischen Herrschaft teilzuhaben, wie die Geschichte der politischen Religion seit den Tagen Konstantins belegt. Sie stellt ihn in den Dienst moralischer Appelle oder sozialpolitischer Initiativen. Um solche Programme durchzuführen, um derartigen Appellen zur Durchsetzung zu verhelfen, muß die Kirche sich Macht aneignen; Machtsicherung und Machtentfaltung werden zu wichtigen Aufgaben kirchlichen Handelns. Im Ergebnis wird der Glaube im Dienst kirchlicher Macht funktionalisiert; die Macht der Kirche wird zum Zweck des Glaubens. Die Kirche wird im Widerspruch zu ihrem eigenen Auftrag institutionalisiert; sie ist der institutionalisierte Widerspruch.[10]

Diese kritische Perspektive verbindet sich nun mit einer bestimmten Gegenwartsdiagnose. In der Gegenwart gerät die Macht der Kirche aus äußeren Gründen in eine Krise. *Zum einen* übernimmt im Zug der neuzeitlichen Säkularisierung der Staat Funktionen, die zuvor die Kirche für sich in Anspruch genommen hat. Mit dem Übergang zur Staatsschule und zur Staatsuniversität verliert die Kirche ihre wesentlichen Funktionen im Bildungsbereich; mit dem Aufbau eines staatlichen Gesundheitswesens und staatlicher Sozialfürsorge büßt sie wichtige Aufgaben in der Armen- und Krankenfürsorge ein. Mit der Entwicklung des «pluralistischen» Staats, der konkurrierende Wertorientierungen solange nebeneinander duldet, solange sie mit bestimmten «Grundwerten» vereinbar bleiben, reduziert sich die einheitsverbürgende Sinnstiftungsaufgabe, die der Kirche in früheren Epochen der europäischen Geschichte zuerkannt wurde. Wann immer wir den Staat als Kulturstaat, als Wohlfahrtsstaat oder, wie man im Blick auf den gegenwärtigen Zustand der Bundesrepublik Deutschland wohl hinzufügen muß: als «Grundwertestaat» betrachten, schreiben wir ihm Funktionen zu, die in früheren Epochen mit Selbstverständlichkeit von der Kirche in Anspruch genommen wurden.

Zum andern entwickeln sich in der neuzeitlichen Gesellschaft freiwillige Institutionen, «Verkörperungen weltlicher Religion»[11], die auf einer humanitären Basis Zielsetzungen verfolgen, die zuvor von der Kirche für sich reklamiert wurden. Menschenrechtsorganisationen der verschiedensten Art – das Internationale Rote Kreuz oder amnesty international, terre des hommes oder die Gesellschaft für bedrohte Völker – sind dafür ebenso anschauliche Beispiele wie die neuen sozialen Bewegungen: die Friedensbewegung, die ökologische Bewegung und die Frauenbewegung.

Funktionen, die in der Zeit eines unbefragten kirchlichen Monopolanspruchs von der Kirche wahrgenommen wurden, gehen also einerseits auf den Staat, andererseits auf gesellschaftliche Initiativen über. Aus kirchlicher und theologischer Perspektive pflegt man derartige Säkularisierungsvorgänge in aller Regel als Funktionsverluste zu betrachten, die zu bedauern und nach Möglichkeit aufzuhalten sind. Bestandssicherung und Erschließung neuer Tätigkeitsfelder gelten dann als vorrangige Aufgaben kirchenleitenden Handelns. Illich dagegen sieht in diesem Machtverlust der Kirche eine Chance zur Neuorientierung. Von dieser Neuorientierung erwartet er, daß sie der Kirche ermöglicht, zugleich evangelischer und soziologisch relevanter zu sein.[12] Damit sind zwei Gruppen von Kriterien angesprochen, an denen sich jede Neugestaltung und Umgestaltung der Kirche zu orientieren hat.

Kriterien

Eine veränderte Gestalt der Kirche soll *evangelischer*, also dem Evangelium gemäßer sein. Damit ist, wenn ich Illichs Hinweise recht verstehe, vor allem *dreierlei* gemeint.

Zunächst: Die Sozialgestalt der Kirche soll konsequent durch die Orientierung am Glauben an Christus bestimmt sein. Der Glaube an Christus meint den Glauben «an die Offenbarung, daß die Entwicklung der Menschheit zur Verwirklichung des Reiches Gottes tendiert, welches der in der Kirche bereits gegenwärtige Christus ist»[13]. Charakteristisch für den Glauben ist also, daß er die Hoffnung auf die durch Christus verbürgte Zukunft mit dem gegenwärtigen Geschick der Menschen verknüpft. Die Hoffnung auf das Reich Gottes als ein Reich der Freiheit bestimmt auch die Entwicklungstendenz der Menschheitsgeschichte. Eine solche Formulierung ist für das Mißverständnis offen, als sei der Kern des christlichen Glaubens in einem Fortschrittsoptimismus zu finden, der die Verbesserung aller Lebensverhältnisse für ein Geschichtsgesetz hält. Ein solcher «Fortschrittsmythos» widerspricht jedoch in Wahrheit dem christlichen Glauben, der sich zu Christus als dem Gekreuzigten *und* Auferstandenen bekennt und deshalb das Faktum, daß Menschen und die außermenschliche Natur gebeugt, gedemütigt und getötet werden, genauso ernst nimmt wie die Hoffnung auf den Sieg des aufrechten Gangs. Doch soweit Menschen ihre Geschichte im Bewußtsein *des* Lebens machen, das ihnen verheißen ist, hat auch die von Menschen gemachte Geschichte eine Tendenz zum Reich Gottes: zu umfassender Freiheit und bedingungsloser Solidarität. Diese Tendenz kann aus der Entwicklung der Menschheit nicht getilgt werden, da und soweit sie von der Gegenwart des gekreuzigten und auferstandenen Christus bestimmt ist. Gemeint ist damit nicht, daß die Menschen als Subjekte der Menschheitsentwicklung selbst das Reich Gottes herbeiführen und zur Vollendung bringen könnten. Die Differenz zwischen Reich Gottes und menschlicher Geschichte ist für Menschen ebenso unaufhebbar wie die Differenz zwischen Gott und Mensch selbst. Reich Gottes und Geschichte sind nicht identisch, wohl aber aufeinander bezogen. Im Glauben sind sie – bei bleibender Differenz – unlöslich miteinander verknüpft. Denn Glauben heißt nichts anderes, als an der Tendenz des Reiches Gottes teilzuhaben.

Sodann aber stellt sich die Frage: Welches Kriterium für menschliches Verhalten und Handeln ergibt sich aus der Teilhabe an dieser Tendenz? In Illichs Aufsatz für die «Ohnmacht der Kirche» findet sich die Antwort in einem Hinweis auf die grundlegende Polarität, die menschliche Erfahrungen und menschliches Handeln bestimmt: «eine von Tag zu Tag gewonnene Einsicht in die Spannung zwischen der Manipulation von Dingen und dem Verhältnis zu Personen»[14]. Was bedeutet die Entdeckung dieser Polarität in der Perspektive des verheißenen Reiches Gottes? Die Erwartung des Reiches Gottes symbolisiert die Hoffnung auf ein gelingendes Leben, in dem das Miteinander der Menschen nicht mehr durch Manipulation begrenzt und durch Herrschaft eingeschränkt ist. Die Erwartung des Reiches Gottes symbolisiert die Hoffnung auf zwanglose Kommunikation in radikalem Sinn.[15] Die vorbehaltlose Anerkennung des je anderen, weil uns im anderen (gerade auch in seiner Bedürftigkeit) Christus, der Bürge des Reiches Gottes, selbst begegnet, ist eine der Folgen, die sich aus der Teilnahme an der Tendenz des Reiches Gottes ergibt.[16]

Der Hinweis auf die grundlegende Polarität zwischen der Manipulation von Dingen und der Zuwendung zu Personen hat für Illich hohe theologische Bedeutung. In diesem Hinweis aber begegnet uns mehr als eine *historisch* frühe Form der dualen Begrifflichkeiten, mit denen Illich bis zum heutigen Tag gerne arbeitet. Vielmehr sehe ich in dieser frühen Beobachtung den *sachlichen* Kern all der Polaritäten, die Illichs Untersuchungen bestimmen. Insofern sind auch die späteren Überlegungen von der Aus-Sicht auf das Reich Gottes bestimmt, von der her die gegenwärtige Entwicklung der Menschheit ihr Maß empfängt. Sie messen gegenwärtige Lebensverhältnisse am Maßstab dessen, den das Johannesevangelium sagen läßt: «Ich bin gekommen, damit sie das Leben in seiner Fülle haben.»[17] Die Gegenüberstellung polarer Begriffe und der Versuch, diese Polaritäten an kulturgeschichtlichem Material zu veranschaulichen, bilden die Form, in der Illich diesen Maßstab zur Geltung bringt.

In *‹Genus›* wird die grundlegende Polarität, um die Illichs Denken kreist, folgendermaßen gefaßt: «Das Reich des vernakulären Genus und die Herrschaft des ökonomischen Sexus.»[18] Die in dieser Formel implizierte Gegenüberstellung von «Herrschaft» und «Reich» läßt ihren theologischen Entstehungsgrund leicht erkennen. Bezogen auf den Begriff der Gleichheit erhält die Polarität in *‹Genus›* folgende Form: Zu unterscheiden ist zwischen dem Gleichgewicht zwischen Verschiedenen auf der einen und der Gleichförmigkeit zwischen Gleichgemachten auf der anderen Seite.[19] Bei dieser Gegenüberstellung darf man nicht etwa an den Verfall denken, dem der Begriff des Gleichgewichts im Zeitalter der Abschreckung ausgesetzt ist; sondern man muß die Vorstellung vom Gleichgewicht unterschiedlicher Charismen vor Augen haben, die Paulus in das Bild des «Leibes Christi» bringt.[20]

So läßt gerade das Genus-Buch den über lange Zeit hinweg verborgenen theologischen Ursprung der Dualität erkennen, die als Grundannahme viele Theorien Illichs bestimmt. Die theologische Prägung dieser Grundannahme darf man indes nicht so mißverstehen, als enthalte sie einen theologischen Exklusivitätsanspruch hinsichtlich der darin zum Ausdruck kommenden Erkenntnis. Vielmehr enthalten Illichs Entdeckungen die Einladung zu einer Revision des Verständnisses von Theologie: Ihre Aufgabe ist nicht, vermeintlich sichere Wahrheiten mit *exklusivem* Anspruch zu vertreten und dadurch in Wirklichkeit für sich zu behalten, sondern ihre Einsichten in den *kommunikativen* Prozeß gemeinsamer Wahrheitserkenntnis einzubringen.

Schließlich bleibt zu fragen: Was ergibt sich aus der Orientierung an der Tendenz zur Verwirklichung des Reiches Gottes für die Aufgabe der Kirche? Illichs zusammenfassende Formel dafür heißt: «Die Erfahrung des Wandels zu feiern.»[21]

In der Feier – grundlegend: im Gottesdienst, in der Eucharistie – wird die Zwanglosigkeit erfahren, von deren Verheißung der Glaube lebt; in ihr wird der Glaube in einer Weise vergegenwärtigt, in der er gerade nicht in den Dienst ihm fremder Zwecke gestellt wird; in ihr wird ein Wandel «zelebriert», der gerade nicht von Menschen «gemacht», sondern in den Menschen hineingenommen werden. Wandel wird erfahren: also die Tendenz radikaler Veränderung, in die die Entwicklung der Menschheit im Ganzen hineingehört. Angesichts dieses Wandels verbietet es sich, zwischen Feiern und Arbeiten, zwischen Kontemplation und Kampf eine Alternative aufzurichten. Durch Illichs Protest gegen die Verzwecklichung des Glaubens, durch sein Insistieren auf der Feier des Wandels ist also gerade nicht ausgeschlossen, daß nach den Konsequenzen des Glaubens für das Verhalten der Christen in den jeweiligen gesellschaftlichen Konflikten gefragt wird. In seinen frühen Texten dominiert freilich der Widerspruch gegen die Instrumentalisierung des Glaubens für sozialpolitische Programme; er erhält seine Schärfe durch die Überzeugung, daß die Kirche sich auf diese Weise der Herausforderung des «wirklichen Wandels» gerade entzieht und an dessen Stelle Almosen setzt, mit denen der Weg zur Armut gepflastert ist.[22] Doch Illich ist nicht ein Anwalt des folgenlosen Evangeliums; auf seine Weise stellt auch er die Frage nach der politischen Parteinahme, ohne die der Glaube nicht verantwortet werden kann.

In diesen am Evangelium orientierten Kriterien zeigt sich umrißhaft ein neues Bild der Kirche: einer Kirche, die ihre Ohnmacht als ihre spezifische Form der Macht wahrnimmt, die also dadurch *soziologisch relevanter* wird, daß sie auch als Institution ihre eigentümliche Funktion erfüllt. Fragt man danach, wie Illich diese Funktion soziologisch beschreibt, so stößt man zunächst darauf, daß er die Verkündigung des Evangeliums und die Feier des Mysteriums als grundlegende Funktionen der Kirche benennt.

Den evangelischen Theologen erinnert diese Funktionsbestimmung an die in der reformatorischen Tradition klassisch gewordenen «Kennzeichen» der Kirche. Eine Erinnerung an die Probleme dieser Tradition kann auch den kritischen Umgang mit Illichs Kirchenverständnis fördern. Eine reformatorische Kurzformel für das Kirchenverständnis besagt, daß in der reinen Predigt des Evangeliums und in der evangeliumsgemäßen Feier der Sakramente von Taufe und Abendmahl die beiden entscheidenden Kennzeichen der Kirche zu sehen sind.[23] Diese Formel enthält jedoch nur einen regulativen Kirchenbegriff, der angibt, welche Kennzeichen im Blick auf die Einheit der Kirche genügen sollen. Ein konstruktiv ausreichender Kirchenbegriff ist damit nicht formuliert. Denn es fehlt insbesondere jede ausdrückliche Bezugnahme auf die Gemeinschaftsgestalt der Kirche. Der auf die *notae* von Evangeliumsverkündigung und Feier der Sakramente beschränkte Kirchenbegriff bleibt notorisch unvollständig.

Einen Beleg für diese theologiegeschichtliche Beobachtung findet man auch bei Illich. Auch er ergänzt den Hinweis auf die grundlegenden Funktionen der Kirche durch den Bezug auf die der Kirche eigentümliche Gemeinschaftsgestalt. Sie liegt für ihn darin, daß die Kirche in ihrer Sozialform den vielfältigen Reichtum des Besonderen zur Entfaltung bringt. Deshalb beschreibt er die ökumenische Christenheit – in polemischer Abgrenzung gegen alle Tendenzen zur Vereinheitlichung der weltweiten Christenheit unter einem uniformen «Wir» – als die Gestaltung der Gemeinschaft zwischen den *vielfältigen* «Wir» auf dem ganzen Erdkreis. Daran schließt sich eine bedenkenswerte Bestimmung der Ökumenik als theologischer Disziplin an: sie ist «jene Sozialwissenschaft in der Theologie, die sich mit der Betrachtung der Vielfältigkeit des *Wir* auf dem ganzen Erdkreis befaßt»[24].

Verbindet man Illichs Konzentration auf die Verkündigung des Evangeliums und die Feier des Mysteriums als grundlegende Aufgaben der Kirche mit dieser Fassung des in der Sozialgestalt der Kirche liegenden Problems, dann ergibt sich erneut eine spezifische – von ihm allerdings nicht explizierte – Perspektive auf die Kirche als den Ort, an dem der Glaube ohne jeden Zweck gefeiert wird. Denn diese Feier selbst kann nicht gegenüber den Lebensproblemen und Konflikten, in denen die Feiernden stehen, isoliert werden. Die Einheit von Feier und Arbeit, von Kontemplation und Kampf ist die unausweichliche Konsequenz. Doch die *Arbeit* der christlichen Gemeinde vollzieht sich eben *nicht* durch Hirtenbriefe gegen die Abtreibung und päpstliche Enzykliken für soziale Gerechtigkeit[25] oder durch Friedenserklärungen und Solidaritätsappelle der EKD; sondern sie vollzieht sich durch das Tätigwerden freier Menschen, die ihre *Freiheit* gerade durch die gemeinsame *Feier* erfahren haben. Die «Freiheit eines Christenmenschen», die *libertas christiana* erweist sich insofern als das entscheidende Kriterium des Kirchenverständnisses.

Therapie

Illichs Texte tragen dem äußeren Anschein nach stärker den Charakter der Diagnose als der Therapie. Das hängt mit der Absicht zusammen, auf Aussagen über die Zukunft zu verzichten. Illich nimmt für sich in Anspruch, geschichtlichen Wandel aus der Perspektive der Vergangenheit zu beschreiben. «Über die Zukunft weiß und sage ich nichts.»[26] Ich sehe jedoch in dieser vermeintlichen Selbstbeschränkung vor allem einen Versuch, gegen ein geläufiges Mißverständnis der Zukunft zu protestieren.

Jede Epoche hat das Zeitverständnis, das sie verdient. Eine Epoche, in der die Manipulation von Dingen die Herrschaft über die Beziehung zu Personen errungen hat, erkennt der technisch «präparierten» Zeit den Vorrang vor der biographischen Zeit zu.[27] Ihr Zeitverständnis ist nicht an der Differenz zwischen den Modi der Zeit, also Vergangenheit, Gegenwart und Zukunft, orientiert. Sie versteht Zeit vielmehr als einen linearen Paramter, der vom Primat der Gegenwart bestimmt ist. Zukunft tritt nur als Extrapolation derjenigen Entwicklung in den Blick, die von der Vergangenheit in die Gegenwart führt. Die Antizipation der Zukunft hat den Sinn, über sie verfügen zu können. Durch Planung soll sie der Herrschaft des Menschen unterworfen werden. Gegenüber dieser Tendenz, über die Zukunft verfügen zu wollen, wahrt der Satz «Über die Zukunft weiß und sage ich nichts» die Offenheit der Zukunft. Wer so redet, insistiert auf der Differenz zwischen der Gegenwart als dem Inbegriff des Wirklichen und der Zukunft als dem Bereich offener Möglichkeiten. Wer so spricht, fordert eine Haltung der Selbstbegrenzung, die auf den anmaßenden Anspruch verzichtet, durch gegenwärtige Entscheidungen die Zukunft determinieren zu können.

Doch zugleich ist eine derartige Aussage Mißverständnissen ausgesetzt. Sie erweckt den Anschein, als ob ohne die Antizipation von Zukunft eine Erkenntnis der geschichtlichen Gegenwart möglich wäre; sie verschweigt, daß alles menschliche Handeln im Blick auf seine zu erwartenden künftigen Folgen verantwortet werden muß.[28] Der Satz «Über die Zukunft weiß und sage ich nichts» bedarf also der

Ergänzung. Geredet werden muß nämlich von der *Hoffnung auf Zukunft*; denn sie ist der entscheidende Impuls für die Erkenntnis der Gegenwart. Und zu reden ist von der *Verantwortung für die Zukunft* und die Lebensmöglichkeiten künftiger Generationen; denn an ihr bemißt sich die Kritik an all den Entscheidungen in der Gegenwart, durch die über zukünftige Lebensbedingungen verfügt wird.

Illichs Protest dagegen, über die Zukunft verfügen zu wollen, macht das Reden von der Zukunft nicht überflüssig. In seinen frühen Texten über die Kirche hat er selbst das noch mit einer Unbefangenheit und Unmittelbarkeit getan, die ihm später abhanden kam. Diese Texte wagen sich in den Bereich der Prognose wie auch in den Bereich therapeutischer Vorschläge für künftige Änderungen vor. Der Text über «das Verschwinden des Priesters» ist ein Therapietext. Er stellt die in der Situation der ausgehenden fünfziger Jahre zu beobachtenden Schwierigkeiten der Kirche nur ganz knapp fest und benutzt sie als Anlaß und Gelegenheit für Reformvorschläge, die beiden von Illich formulierten Kriterienreihen zugleich genügen sollen: sie sollen evangelischer und soziologisch belangvoller sein. Es handelt sich, wie man auch formulieren kann, um Reformvorschläge, die sich zugleich aus *traditionsorientierter* und aus *gegenwartsorientierter*, aus *ursprungsorientierter* und aus *aufgabenorientierter* Perspektive nahelegen.

Diese Vorschläge sind auf die Situation der katholischen Kirche vor dem II. Vatikanischen Konzil bezogen und plädieren für eine radikale Reform des Priesteramts. An ihm kritisiert Illich, daß es drei Elemente miteinander verknüpft, nämlich die hauptamtliche Tätigkeit für die Kirche, den Dienst am Sakrament und die zölibatäre Lebensform. Alle drei Elemente haben je für sich einen spezifischen Sinn; sie brauchen nicht zwangsläufig miteinander gekoppelt zu sein. Illichs Reformvorschlag zielt auf kleine Gemeinden, die in unterschiedlichsten Formen, vorwiegend in den Häusern einzelner Familien, zusammenkommen. Ihm steht ein Bild christlicher Gemeinden vor Augen, wie es in dem Vierteljahrhundert seit der Entstehung seines Textes in den lateinamerikanischen Basisgemeinden Realität geworden ist.[29] Solche Gemeinden brauchen Menschen, die zur Feier des Sakraments zugelassen sind, aber keine hauptamtlichen Priester. Daraus ergibt sich auf der einen Seite die radikale Einschränkung der Zahl von Personen, die für ihren Lebensunterhalt von der Kirche abhängig sind, auf der anderen Seite aber die Weihe von Männern im weltlichen Beruf (die Weihe von Frauen erwägt Illich nicht) zum sakramentalen

Amt. Die Aufhebung des Zwangszölibats ist die Folge. Illich bestreitet nicht, daß der Zölibat als besondere Lebensform der Nachfolge, in die einzelne berufen sind, sein Gewicht behält; doch er widerspricht der Koppelung von Zölibat und Priesteramt. Die Wahrnehmung des in dieser Weise neu verstandenen priesterlichen Amts schließlich kann nicht mehr in allen Fällen vom Durchlaufen einer theologischen Ausbildung im akademischen Sinn abhängig gemacht werden. Die spezifischen Aufgaben des Theologen sind vielmehr vom sakramentalen Amt unabhängig; dieses aber ist nicht an eine theologische Vorbildung im formalen Sinn, sondern an den *sensus ecclesiae*, an die lebendige Teilhabe an der Kirche, gebunden.

An diesen Reformvorschlägen fällt auf, wie stark sie sich auf das Problem des Priesteramts konzentrieren. Das erklärt sich aus der Bedeutung des Amtsproblems für die katholische Kirche und aus dem Stand der katholischen Reformdiskussion in den ausgehenden fünfziger Jahren. Doch der Ansatz zu einem neuen Gemeindeverständnis, der in Illichs Überlegungen enthalten ist, wird wegen der Konzentration auf das Amtsproblem nicht entfaltet.

3. Radikale Säkularität und Feier

Vermutlich würde dann die überraschende Nähe noch deutlicher ins Auge fallen, die Illichs Überlegungen mit dem Kirchenverständnis verbindet, das Dietrich Bonhoeffer 1944 skizziert hat. Beide verbindet vor allem der Gedanke, daß sich der Kirche durch die Einbuße an äußerer Macht neue Möglichkeiten eröffnen könnten, ihre Aufgabe glaubwürdig wahrzunehmen. Beide verbindet ferner der Gedanke, daß die Aufgabe des Pfarrers nicht zwingend mit einer hauptberuflichen Versorgung durch die Kirche verbunden sein muß. Beide nähern sich schließlich dem Gedanken einer «radikalen Säkularität»[30], dem Gedanken also, daß der christliche Glaube unter Verzicht auf alle religiösen Sonderformen im Inkognito einer weltlich gewordenen Welt zu bezeugen ist. Bei Bonhoeffer erhalten diese Überlegungen – in einer knappen Skizze, deren genauere Ausarbeitung er plante – folgende Fassung:

«Die Kirche ist nur Kirche, wenn sie für andere da ist. Um einen Anfang zu machen, muß sie alles Eigentum den Notleidenden schenken. Die Pfarrer müssen ausschließlich von den freiwilligen Gaben der Gemeinden leben, eventuell einen weltlichen Beruf ausüben. Sie muß an den weltlichen Aufgaben des menschlichen Zusammenlebens teilnehmen, nicht herrschend, sondern helfend und dienend. Sie muß den Menschen aller Berufe sagen, was ein Leben mit Christus ist, was es heißt, ‹für andere dazusein›.»[31]

Die Nähe zwischen Ivan Illich und Dietrich Bonhoeffer reicht weiter, als es durch dieses Zitat angedeutet ist. Bonhoeffer war wohl der erste evangelische Theologe, der sich – in der hoffnungslosen Situation eines politischen Häftlings unter dem NS-Regime – vorbehaltlos der Realität einer Welt aussetzte, die gestaltet und verwaltet wird, «als ob es Gott nicht gäbe» (*etsi deus non daretur*). Die Perversionen dieser Welt vor Augen, hat er doch die Entwicklung zur Mündigkeit der Welt als einen konsequenten Weg geschildert, der nicht zurückgegangen werden kann. Durch den Rückzug in ein religiöses Reservat verfehlt man die Wahrheit des Glaubens und die Wirklichkeit der Welt zugleich. Doch Bonhoeffers Plädoyer für ein religionsloses, weltliches Christentum erhält ein Widerlager in der Einsicht, daß christliches Leben gerade unter den Bedingungen der Säkularität auf eine «Arkandisziplin» angewiesen bleibt, in der die Geheimnisse des Glaubens bewahrt und vergegenwärtigt werden können.[32] Über die Form dieser Arkandisziplin hat Bonhoeffer nichts gesagt. Doch sollte in Erinnerung bleiben, daß eben der Theologe, der sich vorbehaltloser als andere auf die Weltlichkeit der Welt einließ, intensiver als andere neue Formen der Spiritualität, eines gemeinsamen geistlichen Lebens, erprobt und praktiziert hat.

Ivan Illich hat nicht nur im Blick auf andere die Hoffnung ausgesprochen, daß mehr Priester sich für «radikale Säkularität» entscheiden.[33] Erich Fromm konnte schon 1970 Illich als Bundesgenossen des «radikalen Humanismus» in Anspruch nehmen, ohne den Ursprung auch nur zu erwähnen, dem dieser Humanismus sich verdankt.[34] Doch das Plädoyer für eine radikale Säkularität erhält ein Widerlager in dem «Aufruf zur Feier», der Illichs Werk durchzieht.[35] Wo immer er für den Vorrang zweckfreier Kommunikation vor zweckorientierter Information, gemeinsamer Erfahrung vor organisierter Produktion, «gemeiner» Vielfalt vor betreuter Uniformität, eintritt, kommt mehr ins Spiel als der Streit um pragmatische Alternativen. Illich gehört zu den Anwälten einer Hoffnung auf gelingendes gemeinsames Leben, die durch alle widrigen Erfahrungen nicht zum Verstummen gebracht wird. Der Listenreichtum, mit dem er diese Hoffnung verficht[36], hat an einer Erfahrung des Wandels Anhalt, die auch noch in den tiefen Enttäuschungen unserer Zeit Bestand behält. Nicht aus dem Urbild einer historisch vergangenen Gesellschaft, in der das «Reich des vernakulären Genus» schon Wirklichkeit gewesen wäre, sondern aus dem Hoffnungsbild einer Welt, in der die vorbehaltlose Gemeinschaft der Verschiedenen Wirklichkeit wird, erhält seine Gegenwartskritik ihr spezifisches Gewicht. Der kulturrevolutionären Forderung, alle Institutionen abzuschaffen, die nur wenigen nützen und die Unterprivilegierung der vielen verschärfen[37], liegt die Erfahrung eines Wandels voraus, der noch radikaler ist als eine solche Forderung. Die Erfahrung dieses Wandels kann nur gefeiert werden.

Dietrich Stollberg

«Jeder von uns lebt in vielen Zeiten»

Illich im Rückblick

1. Fragen

Irgendwann nach einem der öffentlichen Kolloquien haben wir bei Käse und Wein per du gemacht, weil wir uns verwandt fühlen und weil wir uns in vielem einig sind. Trotzdem gab es ein paar Fragen, die ich während unserer Gespräche immer wieder gestellt habe und deren Beantwortung in gewisser Weise nach wie vor aussteht. Freilich, Illich will keine Rezepte geben und begreift sich selber als Fragesteller und Anreger, nicht aber als stellvertretender Problemlöser. Trotzdem will ich ihn nicht in unverbindliche Gedankenspielereien entwischen lassen. Ich möchte wissen, wie er sich seine Fragen selber beantwortet und welche Zukunftsvisionen seine Gegenwart bestimmen. Denn daß er nur die Vergangenheit analysiere und keine «Schatten der Zukunft auf die Entwürfe fallen» ließe, mit denen er zu erfassen sucht, «was war und was ist»[1], ist unmöglich: Entwürfe leben von Zukunft, auch wenn sie in gut seelsorgerlicher Manier «keine Strategien anzubieten» haben (ebd.). Nekrophilie – Illich setzt sich «wie der Asket und Poet ... mit dem Tod» auseinander – befriedigt mich nicht. Gewiß, Zukunftsangst verhindert, daß wir uns «dankbar ... der fordernden Lebendigkeit der Gegenwart erfreuen»[2], jedoch die «Überwindung von Sentimentalität und die Offenheit für Überraschung»[3] setzt zwar vielleicht weniger «Schatten» der Zukunft, also Angst vor ihr, aber doch «Lichter» der Zukunft, also Hoffnung, voraus. Wozu sollte ich sonst «auf die Annehmlichkeiten des ökonomischen Sexus verzichten»[4]? Eine hedonistische Gegenwartseuphorie wäre dann vielleicht nicht die schlechteste Alternative: «Lasset uns essen und trinken, denn morgen sind wir tot!» (Jes. 22,13/1. Kor. 15,32)

Ich möchte mit Ivan Illich, wenn wir uns wieder treffen, nicht nur Vergangenes analysieren, sondern Zukünftiges in die Gegenwart hereinholen: ein bißchen alternative Politik, ein bißchen alternative Universität, ein bißchen alternative Wissenschaft, und zwar hier und jetzt! Wie ich mir das vorstelle? Zum Beispiel weniger Gelehrtenjargon und akademisches Imponiergehabe, mehr Einbeziehung von dem, was uns an all der politisch relevanten Problematik auch individuell und persönlich unmittelbar betrifft, mehr Ausgleich zwischen Sach- und Beziehungsebene, mehr Dilettantismus statt Expertokratie *innerhalb* der Illich-Kolloquien, mehr Gespräch und weniger monologische Statements, mehr Auf-dem-Boden-Hocken und Über-Konsequenzen-Nachdenken. Das meine ich nicht als Rückkehr zum Prinzip der Zweckrationalität und der «Arbeit», wie Illich sie versteht, sondern im Sinne der «Bettelei», die «Asket und Poet» betreiben müssen, um als Anwälte der Menschlichkeit zusammen mit dem Hofnarren den Sinn der Sinnlosigkeit und die persönliche Verantwortung gegen blinde Schicksalsgläubigkeit zu verteidigen und dabei unabhängig zu bleiben.

So komme ich, angeregt durch das Semester mit Ivan Illich, auf die Dialektiken von Ernst und Spiel, Verbindlichkeit und Freiheit, Beziehung und Sache. Sie sind jenseits einer Konzeption angesiedelt, die auf wirtschaftliche Effizienz, auf ökonomisches Wachstum und auf den Umschlag der Quantität in Qualität setzt: Dieses «Jenseits» sollte Universität ermöglichen, statt sich an die Interessen der Wirtschaft zu verkaufen. Wie kann Ivan Illich innerhalb von Institutionen lehren, die nicht bereit sind, «auf die Annehmlichkeiten des ökonomischen Sexus zu verzichten» (s. o.) und die möglicherweise sogar innerhalb ihrer theologischen Fakultäten, die par excellence Sinnlosigkeit und Verantwortung, Irrationalität und kluge Vorsorge miteinander verbinden sollen – die also vielleicht sogar innerhalb der Theologie dem Rationalismus eines mechanistischen Weltbildes, logischer Diskursivität und bürokratischer Zweckrationalität auf den Leim gegangen sind? Muß das, was Illich vertritt, innerhalb solcher Institutionen nicht subversiv wirken, oder wird es dadurch, daß es innerhalb der Institutionen vorgebracht wird, von diesen vereinnahmt, neutralisiert, unglaubwürdig gemacht – wie der Hofnarr bzw. das Kabarett, das sich totalitäre Fürsten und Systeme leisten, um reale Veränderung gerade dadurch zu verhindern, daß die Wünsche nach ihr laut werden dürfen? Asketisch-poetische Analysen der Vergangenheit – verbindliches Handeln und Verhalten: das Illich-Semester hat mir diese Frage schärfer gestellt.

2. Aussagen

Theologisch bleibt man mit der Frage nach der Welt- und Gesellschaftsveränderung freilich im Bereich des Gesetzes.[5] Der Theologe Illich hat mehr zu bieten, und zwar gerade, weil er beabsichtigt, «so zu reden, daß Gott und Tugenden nicht vorkommen» (mündlich). So gelingt ihm das «Reden von Gott in der Sprache der Welt»[6] bzw. die «nichtreligiöse Interpretation biblischer Begriffe»[7].

Man kann natürlich fragen, ob der entpflichtete Monsignore hier nicht theologisch vereinnahmt werde. Um darauf zu antworten, sei ein Aspekt der Arbeit Illichs genauer betrachtet, der von der breiten Leserschaft leicht übersehen werden dürfte, nämlich seine Theologie, hier verdeutlicht an seiner Auffassung vom Gottesdienst.[8]

«Wir stehen am Ende eines jahrhundertelangen Kampfes, der die Menschen von dem Zwang der Ideologie, Überzeugungen und Religionen als richtungsweisenden Kräften seines Lebens befreien sollen. Ein thematisch ungebundenes Bewußtsein von der Bedeutung der Fleischwerdung tritt zutage: eine Fähigkeit, zum Erlebnis des Lebens ein großes Ja zu sagen.

Es zeigt sich eine neue Polarität: eine von Tag zu Tag gewonnene Einsicht in die Spannung zwischen der Manipulation von Dingen und dem Verhältnis zu Personen.

Wir werden instandgesetzt, die Autonomie des Lächerlichen gegenüber dem Nützlichen zu betonen, des Unbegründeten gegenüber dem Zielbewußten, des Spontanen gegenüber dem Durchdachten und Geplanten, des schöpferischen Ausdrucks, den erfinderische Lösungen ermöglichen.

Wir werden noch lange ideologischer Rationalisierung bedürfen, um zielbewußt geplante erfinderische Lösungen für gesellschaftliche Probleme zu erreichen. Diese Aufgabe mag ganz bewußt die weltliche Ideologie übernehmen.

Ich möchte meinen Glauben ohne jeden Zweck feiern.»[9]

Nach dem Semester mit Ivan Illich scheint mir noch deutlicher als schon vorher bei der Lektüre, daß diese Sätze, die er bereits 1967 auf einer Konferenz für kirchliche Sozialarbeit gesprochen hat, im Zentrum dessen, was er sagen möchte, stehen. «Ohne jeden Zweck feiern» – nicht irgend etwas, sondern «meinen Glauben». Dies ist ein Credo, das Illich so auslegt, daß die Kirche ihre «Macht, Gutes zu tun, die sie jetzt hat» [10], aufgeben muß, um ihre eigentliche Aufgabe, «die Verkündigung des Evangeliums» [11] wieder voll wahrnehmen zu können. «Diese besondere Aufgabe der Kirche muß ein Beitrag zur Entwicklung sein, den keine andere Institution leisten könnte. Ich meine, daß dieser Beitrag der Glaube an Christus ist. Auf die Entwicklung angewendet, bedeutet Glaube an Christus die Offenbarung, daß die Entwicklung der Menschheit zur Verwirklichung des Reiches tendiert, welches der in der Kirche bereits gegenwärtige Christus ist. Die Kirche verdolmetscht dem heutigen Menschen Entwicklung als ein Hineinwachsen in Christus. Sie führt ihn zur Kontemplation dieses Mysteriums im Gebet und zu dessen Feier in der Liturgie.» [12] Was soll in der Liturgie gefeiert werden? Der Glaube der Gläubigen bzw. «die Erfahrung des Wandels» [13]. Was «Wandel» in diesem Zusammenhang heißt, erklärt Illich im Unterschied zur gängigen Rede von der Notwendigkeit der Veränderung: «Die Zukunft ist schon in die Gegenwart eingebrochen. Jeder von uns lebt in vielen Zeiten. Die Gegenwart des einen ist die Vergangenheit eines anderen und die Zukunft wieder eines anderen. Wir sind aufgerufen zu leben in dem Bewußtsein, daß die Zukunft vorhanden ist und daß sie mitgeteilt wird, wenn sie gefeiert wird. Der Wandel, der herbeigeführt werden muß, kann nur gelebt werden. Wir können unseren Weg zur Menschlichkeit nicht planen. Jeder von uns und jede Gruppe, in der wir leben und arbeiten, muß zum Modell des Zeitalters werden, das wir zu schaffen wünschen. Die vielen Modelle, die dabei entstehen, müßten jedem von uns eine Umwelt bescheren, in der wir unsere schöpferische Antwort auf den Wandel mit anderen feiern können, die unser bedürfen.» [14]

Schon damals ist von der Nichtplanbarkeit des Wandels die Rede, der herbeigeführt werden muß, indem er gelebt wird. Es handelt sich dabei genau nicht um jenen Wandel, der uns im Interesse wirtschaftlichen Fortschritts angepriesen wird: «Weder Tüchtigkeit noch Komfort noch Wohlstand sind Maßstäbe für die Qualität des Wandels. Nur die Reaktion des Menschenherzens auf den Wandel weist auf den objektiven Wert dieses Wandels hin. Alle anderen Bewertungen des Wandels, welche die Antwort des menschlichen Herzens außer acht lassen, sind entweder böse oder naiv. Entwicklung wird nicht nach einer Regel, sondern nach einem Erlebnis beurteilt. Und dieses Erlebnis wird nicht durch das Studium von Tabellen verfügbar, sondern durch die Feier gemeinsamer Erfahrung: Dialog, Streitgespräch, Spiel und Poesie – kurzum, Selbstverwirklichung in schöpferischer Muße.»[15]

Illich meint selbst, er habe in jenem Referat von 1967 zum Ausdruck gebracht, «was es für mich bedeutet, Christ zu sein»[16]. Und was ist das? Gutes zu tun in der Welt ist dringend nötig. Dazu bedarf es der «Manipulation von Dingen» des «Nützlichen», «Zielbewußten», «Durchdachten und Geplanten» und – vermutlich noch lange – «ideologischer Rationalisierungen» (also nachträglicher pseudorationaler Legitimationsversuche). Aber Gutes, Nützliches und sogar Notwendiges ist noch lange nicht christlich, auch wenn es menschlich ist. Der spezifische Beitrag des Glaubens zum Menschsein hingegen ist die zweckfreie Feier unseres Gottes, ist der christliche Gottesdienst.

Wie er aussieht, wird nicht gesagt. Aber jedenfalls fällt alles weg, was eine solche Feier zweckgebunden machen würde, wären solche Zwecke nun Bewußtseinsbildung, Belehrung, Sendung und Zurüstung (etwa für den Alltag), Erwerb himmlischer Meriten, Sammlungen für die – ganz gewiß dessen bedürftige – Dritte Welt, volksmissionarische Absichten (kirchliche Werbung), Erholung und Entspannung, Integration von Jugend und Alter in der Gemeinde, Aktivierung der Laienkreise und ihrer unbezweifelbaren Fähigkeiten etc. etc.

Ist das ein brandneues Gottesdienstverständnis? Oder ist es etwa typisch römisch? Haben wir vielleicht die Frucht eines radikalen Säkularismus vor uns?

Weder noch! Ich halte es für im besten Sinne katholisch *und* für gut lutherisch. Nach Luthers berühmter Torgauer Formulierung von 1544 besteht die Funktion des Gottesdienstes darin, «daß nichts anderes darin geschehe, denn daß unser lieber Herr selbst mit uns redet durch sein heiliges Wort und wir wiederum mit ihm reden durch Gebet und Lobgesang». Wo findet sich hier irgendein irdischer – oder himmlischer! – Zweck, wo eine «Manipulation von Dingen», wo ein Lösungsversuch für gesellschaftliche Probleme? Hingegen ist sehr wohl die Rede von einem «Verhältnis zu Personen», von «Fleischwerdung»

– was wäre es anderes, wenn «unser lieber Herr selbst mit uns redet»! – und von einer «Autonomie des Lächerlichen», denn wie soll ein vernünftiger Mensch, dem die Veränderung der haarsträubenden Verhältnisse dieser Welt am Herzen liegt, diese zwecklose Zwiesprache zwischen Himmel und Erde anders verstehen!

Freilich, Luther kennt auch die «Chancen des Alltags»[17]. Hier soll das Opfer der Liebe gebracht werden. Die Kirche als Gemeinschaft der Heiligen im Alltag des Berufslebens ist der Ort des «vernünftigen Gottesdienstes» (Röm 12,1). Mitten im beruflichen Leben trägt der Christ als Priester Gottes Liebe in Jesus Christus zu den Mitmenschen und bringt durch sein Verhalten ein leibliches Opfer dar. Es gibt bei Luther also zwei Arten von Gottesdienst, den im geistlichen und den im weltlichen Regiment, den unter dem Evangelium und den unter dem Gesetz, den des Glaubens und den der Liebe.[18] Damit will Luther allerdings gerade nicht auf ein dualistisches Gottesdienstverständnis hinaus, sondern dieses bekämpfen: Es genügt weder, Gott durch vom Alltag abgegrenzte rituelle Übungen und liturgische Opferungen zu befriedigen bzw. sich durch Kult vom Gottesdienst im Alltag loszukaufen, noch Gott durch ein Pathos des Alltags zu profanieren und sich durch säkulare Moral – etwa der Gesellschaftsveränderung und diakonisch interpretierter Sozialarbeit – vom zweckfreien Dialog mit «unserem lieben Herrn» zu dispensieren, sondern christlicher Glaube bringt ein ungeteiltes und unaufhörliches leibhaftes Opfer hervor. Zwischen einem vergegenständlichenden und meritorischen Sakramentalismus einerseits und einem spiritualisierenden und gesetzlichen Ethizismus andererseits geht es Luther um ein gottesdienstliches Leben in der «Fähigkeit, zum Erlebnis des Lebens ein großes Ja zu sagen».[19]

Schon aus dieser knappen Zusammenfassung von Luthers Liturgik im Vergleich mit dem, was Illich als sein Credo formuliert, ergibt sich allerdings, daß es ein Fehler ist, wenn man zwischen kultischem und alltäglichem Gottesdienst ein kausales Verhältnis herstellen will, wie das häufig geschieht: Der Sonntagsgottesdienst ist *nicht* Zurüstung für den Werktag (auch wenn er gleichsam funktional eine solche zu sein vermag), und das ethische Verhalten des Christen resultiert nicht aus dem, was im Sonntagsgottesdienst geschieht (auch wenn auf der rein beschreibenden Ebene der Satz dennoch zutreffen könnte). Damit scheidet auch die Moralpredigt als Möglichkeit der Verkündigung aus.

So absichtslos der wahre Christ Liebe übt, so zwecklos feiert er auch seinen Gottesdienst. Dies gilt, insofern Christen ihren Glauben im Leben wirken lassen; es gilt nicht, insofern sich auch Christen als sündhafte Menschen bis an ihr Ende gegen Gottes Kraft sperren und sowohl mit Hintergedanken lieben als auch mit allerlei Absichten Gottesdienst feiern. Luthers «Simul» («simul iustus et peccator»)[19a] bewahrt uns in diesem Zusammenhang vor liturgischer Schwärmerei. Es liefert uns aber keinerlei Kriterien, aus denen schließlich doch das häufige ethizistische Gottesdienstverständnis zu rechtfertigen wäre. Ivan Illichs Verweigerung von «Strategien», seine Ablehnung der Planbarkeit christlichen Lebens verstehe ich auf diesem Hintergrund als evangelische Ablehnung von Moralismus und Gesetzlichkeit.

3. Erzählungen

Zum Schluß sei eine Beobachtung angefügt, auf die ich während des Illich-Semesters im Zusammenhang meiner Arbeit über narrative Theologie und ihre Bedeutung für die Seelsorge gekommen bin.[20] Mir scheint, Ivan Illich erzähle Geschichten. Er sitzt im Kreise und erzählt. Dies ist seine besondere Stärke, und darin fasziniert und besticht er noch weit mehr als im akademischen Diskurs bzw. in der öffentlichen Diskussion. Hört Illich auf zu erzählen, rufen alle: Ivan, erzähl doch weiter! Insofern verstehe ich auch, daß er Vergangenes erzählt und keine Schatten der Zukunft auf lebendige Gegenwart fallen lassen möchte. Hier und jetzt erzählt er von damals. Und wenngleich darin Zukunft aufschimmert, so muß man sie doch nicht eigens beschwören oder unangemessen in den Griff zu nehmen wagen. Die verschiedenen Wissenschaften könnten verschiedene Geschichten von der einen Welt sein, in und mit der man so Verschiedenes erleben kann. Geschichten der Physiker, Geschichten der Historiker und Geschichten der Theologen erschienen dann, verabsolutiert man ihre jeweilige Perspektive, als inkommensurabel, und je nachdem, welche Geschichte man gerade bevorzugt, würden ganz verschiedene konkrete Folgen entstehen. Denn aus Subjektivem wird täglich auf diese Weise Objektives, aus Träumen werden permanent Realitäten, aus Erzählungen werden immerzu wissenschaftliche und politische Handlungen. Auch Gesellschafts- und Naturwissenschaften sind Weltanschauungen. Illich lehrt uns, ihnen zu mißtrauen. Sein Mißtrauen hat unverkennbar theologische Wurzeln. Die Geschichte der Welt sieht aus der Perspektive des Glaubens an den dreieinigen Gott anders aus und zeitigt andere Konsequenzen als aus der Perspektive der Zweckrationalität, denn «der Traum der Vernunft erzeugt Ungeheuer».[21]

Ivan Illichs Geschichten sind theologische Geschichten. Sie erzählen, was wir verloren haben, und sie erzählen so, daß uns Neues einfallen könnte. Sie erzählen, wie Poeten und Asketen erzählen. Sie lassen hoffen.

II
Kein Politiker, kein Philosoph

Theo Schiller

Illichs Politik der neuen Unmittelbarkeit

> «... ist denn nun die eine Art von Erwerbskunst naturgemäß ein Teil der Hausverwaltungskunst, diejenige nämlich, deren Aufgabe es ist, einen Vorrat zu sammeln von Gegenständen, die notwendig zum Leben und nützlich für die staatliche und häusliche Gemeinschaft sind und die daher auch entweder schon vorhanden sein oder durch die Hausverwaltungskunst herbeigeschafft werden müssen. In diesen Dingen scheint auch der wahre Reichtum zu bestehen. Denn das zu einem zweckentsprechenden Leben genügende Maß eines solchen Besitzes geht nicht ins Unendliche ...
>
> Es gibt aber noch eine Art von Erwerbskunst, die man vorzugsweise und mit Recht die Kunst des Gelderwerbs nennt, und sie ist es, welche die Schuld daran trägt, daß es für Reichtum und Besitz keinerlei Grenze zu geben scheint ... (Denn) jene ist eine naturgemäße Erwerbsweise, diese dagegen ist keine naturgemäße, sondern sie kommt vielmehr zustande durch Erfahrung und Kunst.»
>
> (Aristoteles, ‹*Politik*›, Erstes Buch, Kapitel 8/9)

Ivan Illich hat viele Diskussionen angeregt: Über Erziehung, über Medizin, über Technik und Energie, über das Industriesystem und die Dienstleistungsexperten. Seine Anstöße sind von vielen wahrgenommen worden, was häufiger in Texten implizit durchschimmert, weniger häufig ausdrücklich bekundet wird. Die unterschwellige Wirkung ist also wohl größer als die offizielle. Zum zweiten scheint die Aufmerksamkeit für Illichs Anstöße nach den jeweiligen Problemfeldern segmentiert, freilich verbunden mit einer Mischung aus Faszination und Unbehagen darüber, daß in Illichs Ansätzen die Grenzen zwischen den gesellschaftlichen «Problembereichen» auf irritierende Weise in Frage gestellt sind. Wo das hier und dort aufsprießende theoretische Buschwerk Illichs seine mutmaßliche gemeinsame und tiefsitzende Verwurzelung hat, ist nicht allzu leicht ersichtlich, zumal er selbst das Angebot eines systematisch ausgearbeiteten «Werkes» offenbar nicht für tunlich hält. Ich kann und will nicht den Anspruch erheben, den «wahren» Illich ans Licht zu fördern. Doch sollte es durchaus in seinem Sinne sein, wenn wir seinen Grenzüberschreitungen nachgehen und versuchen, den Zusammenhängen seines Denkens nachzukommen. Es wird sich, so muß man wohl bescheiden sagen, um einen sozialwissenschaftlichen Ausschnitt aus seinen Denkzusammenhängen handeln. Doch bereits hierbei wird sichtbar, daß die energiepolitischen oder medizinsoziologischen oder technikkritischen Gartenzäune ihre Trennschärfe verlieren, wenn wir etwas unterhalb der Erdkrume den Verzweigungen des Wurzelwerkes folgen.

Illich entwickelt keine neue *Theorie*, jedenfalls nicht in dem heute verbreiteten Sinne, wonach Theorien, zumal wissenschaftliche Theorien, sich methodisch kontrolliert auf die ursächliche Erklärung der gegebenen Zustände zu beschränken haben. Sein Theorieverständnis hält sich wohl eher an das klassische Vorbild, dem es um die Anschauung der Wahrheit als praktische Aussicht auf das noch nicht Erreichte geht. In dieser Tradition der praktischen Philosophie ist alles, was Illich sagt, politisch, er selbst aber alles andere als ein Politiker. Ein sozial- und politikwissenschaftlicher Blick auf Illichs Anschauungen müßte daher die doppelte Spannung ausmessen: einerseits die zwischen Illichs «Themen» und seinen allgemeinen theoretischen Wurzeln, und andererseits die zwischen dem Horizont seiner Praxis und seinen Werkzeugen des «Politischen». Ich will versuchen, einige Linien solcher Betrachtung zu skizzieren.

1. Illichs Fundamentalkritik des industriellen Zivilisationssystems

Seit Ivan Illich Anfang der siebziger Jahre als eine der ersten Stimmen mit seiner Kritik der Wachstumsgesellschaft und der technischen Zivilisation hervortrat (noch vor der «Energiekrise» von 1973/74), ist vieles in Bewegung gekommen: Umweltschutz- und Ökologiebewegung nahmen einen erstaunlichen Aufschwung, in Gestalt der «Grünen» bis hinein ins Parlament, und die «Wachstumsdiskussion» wurde zu einem breit gefächerten, letztlich alle politischen Positionen einbeziehenden Unternehmen. Die ökologische Problemdimension hat auch in die professionellen Sozialwissenschaften ihren Einzug gehalten. Hätte man Illich (jedenfalls der grundsätzlichen Richtung nach) schon hinreichend verstanden, wenn man ihn als einen Vorläufer, frühen Repräsentanten und Förderer einer «grünen Wachstumskritik» charakterisieren würde? Wohl kaum. Bei aller Übereinstimmung und Überschneidung mit der grünen Gesamtströmung im Hinblick auf aktuelle und konkrete Problemkomplexe äußert sich Illich aus einem wesentlich tiefer ausgeschnittenen theoretischen Hintergrund, dem ich zunächst nachspüren möchte. Um der besseren Übersichtlichkeit willen skizziere ich zunächst Illichs Gesellschaftskritik und dann, weil von politischem Programm oder politischer Strategie wohl nicht die Rede sein kann, die von ihm anvisierten politischen Horizonte.

Gesellschaftskritik

Ich kann hier nur in der knappsten Form zusammenfassen, was mir als das Wesentliche an der von Illich ausgearbeiteten Position erscheint. Problemdiagnose und Zielhorizont seien zunächst in seinen eigenen Worten umrissen:

«Wenn die Menschheit nicht in sehr naher Zukunft die Auswirkungen ihrer Werkzeuge auf die Umwelt begrenzt und eine wirksame Geburtenkontrolle verwirklicht, dann werden unsere Nachfahren die schreckliche Apokalypse erleben, die von manchen Ökologen vorhergesagt wird. Die Gesellschaft kann sich um des Überlebens willen innerhalb der von einer bürokratischen Diktatur festgelegten und durchgesetzten Grenzen verschanzen, oder aber politisch *auf die Bedrohung reagieren, indem sie zu politischen und juridischen Verfahren Zuflucht nimmt»* . . .

«Die Einführung solchen techno-bürokratischen Faschismus ist nicht unausweichlich. Es gibt andere Möglichkeiten im politischen Prozeß, der es der Bevölkerung erlaubt, das Maximum dessen zu bestimmen, was ein jeder in einer Welt der manifest begrenzten Ressourcen fordern darf; den Prozeß tragender Vereinbarungen über die Festlegung und Einhaltung von Grenzen für das Wachstum der Apparate; den Prozeß der Förderung einer radikalen Forschung der Art, daß eine wachsende Zahl von Menschen immer mehr mit immer weniger ma-

chen *können. Ein solches Programm mag im Augenblick utopisch erscheinen: warten wir ab, bis die Krise sich verschärft, dann werden wir sehen, daß so eine neue Art des contrat social, ein neuer Typ von Sozialverträgen, als durchaus realistisch anzusehen ist.»* [1]

Gegenüber der schon nahe herangerückten Gefahr des bürokratisch-manipulativen Systems einer Technodiktatur, einer «Welt der Großen Organisation», geht es Illich also um «Selbstbegrenzung» durch «Tools for Conviviality», wie es der englische bzw. deutsche Titel seiner grundlegenden, 1973 in USA veröffentlichten Arbeit ausdrückte. Seine Kritik setzt am Über-Industrialismus der Gesellschaft der Gegenwart an, nachdem die technologisch-organisatorischen Strukturen den Menschen über den Kopf gewachsen sind. Sie umfaßt mehrere, systematisch ineinander verschränkte Dimensionen:

Technik / Technologie / Technokratie: Illich kritisiert nicht die Technik oder den heutigen technologischen Entwicklungsstand als solchen und auch nicht eine technisierte Produktion primär deshalb, weil sie zu viele Güter erzeuge oder zu viele Ressourcen (Energie) verbrauche (das auch). Vorrangig geht es ihm vielmehr darum, daß in vielen Bereichen durch die Art der ausgewählten Technik sich technologisch organisierte Sozialsysteme in das menschliche Leben eingefressen haben, die entmündigend, enthumanisierend auf die Menschen, deren Bedürfnissen sie angeblich dienen, zurückwirken. Besonders am Beispiel der Verkehrssysteme hat er die «zwei Wasserscheiden» und den Begriff des «radikalen Monopols» anschaulich gemacht. Verallgemeinert gesprochen, ist die erste Wasserscheide dann erreicht, wenn die Befriedigung eines Bedürfnisses (z. B. nach Fortbewegung) durch Einsatz von Technik industriell «als Ware» umorganisiert wird, damit zugleich ausgeweitete Bedürfnisse entstehen, während die Fähigkeiten der Menschen zur *autonomen* Bedürfnisbefriedigung durch Nichtgebrauch und durch wachsenden Abstand zum gesteigerten Bedürfnisniveau verkümmern; daraus erwächst ein «radikales Monopol», das durch wachsende Ausdehnung steigende Bedürfnisse hervortreibt (z. B. unausweichliche Mobilitätszwänge), aber durch sinkende Fähigkeit des Systems zur Befriedigung des Bedarfs wird schließlich die zweite Wasserscheide der *Kontraproduktivität* überschritten, nach der die Nützlichkeit der wachsenden erzwungenen Inanspruchnahme des Systems ständig abnimmt. Diese Kritik des radikalen Monopols und seiner inhärenten Kontraproduktivität hat Illich auf zahlreiche technisch strukturierte, aber auch auf nichttechnische Bereiche angewandt (Medizin, Schule, Kommunikation

u. ä.), und er sieht darin wohl den prägenden Strukturtypus der gegenwärtigen Gesellschaftsentwicklung.

Expertokratie: Im Bereich der Dienstleistungen, denen Illich besonders seine kritische Aufmerksamkeit widmet, sieht er eine ähnliche Herrschaftsstruktur von radikalen Monopolen gegenüber den Dienstleistungskonsumenten/-klienten, in diesem Falle ausgeübt durch die «Experten», also in der Regel die Inhaber professioneller Berufspositionen (Priester, Juristen, Erzieher, Ärzte, Psychologen, Sozialarbeiter, Techniker, Wissenschaftler usw.). Mit ihren professionell organisierten Spezialkenntnissen befriedigen Experten in der Form des Warentausches fragmentierte Bedürfnisse, sind existenziell am Verkauf ihrer Dienstleistungen interessiert, produzieren daher, wie alle Warenverkäufer, ständig neue Bedürfnisse und errichten so durch Unterwerfung der Bedürfnismuster ihrer Klienten eine «entmündigende Expertenherrschaft», die mit einem «elitären Expertenethos» eingekleidet wird.[2]

Die modernen Expertenzünfte hätten es als korporative Agenturen zu einem Monopol der Bedürfnisdekretierung gebracht und insofern auch die Gewaltenteilung aufgehoben, weil sie ja selbst die Bedürfnis- und Leistungsnormen setzten, die dann durch ihre Dienstleistungsfunktion ausgefüllt würden. Wiederum zielt die Kritik im Kern darauf, daß durch das radikale Monopol ein Zwangskonsum für deformierte Bedürfnisse organisiert ist, während die «Wohlfahrtskonsumenten» nicht nur die eigenen (natürlichen) Fähigkeiten zu autonomer Bedürfnisbefriedigung, sondern auch die Möglichkeit zu autonomer Bedürfnisfindung verloren haben.

Bürokratie und allgemeine hierarchische Machtpolarisierung: Zu den allgemeinen, gegenwärtig galoppierenden Herrschaftsmechanismen des Industriesystems und seinen spezifischen Ausprägungen in den Formen des radikalen Monopols gehören nach Illich die normierenden, planenden und exekutierenden Bürokratien, in denen sich die Macht zunehmend hierarchisch konzentriert und denen eine sich ausbreitende soziale und politische Ohnmacht gegenübersteht. Damit rundet sich die Denkfigur von den industriegesellschaftlichen Herrschaftseliten und den entmündigten Massen ab.

Als Gesamtbild ergibt sich eine Zivilisationsmaschine der Pseudobedürfnisse und des Zwangskonsums, die jedes menschliche Maß verloren hat und im Lichte menschlicher Werte außer Kontrolle geraten ist. Die «zunehmende Abhängigkeit von massenproduzierten Gütern und Dienstleistungen (zerstört) allmählich die für ein konviviales Leben notwendigen Bedingungen», die industrielle Produktionsweise zerstört unvermeidlich Gebrauchswerte und führt zu «modernisierter Armut»; die jetzt erreichte Intensität der Abhängigkeit vom Markt beraubt die von der modernisierten Armut Betroffenen «ihrer Freiheit und Fähigkeit, autonom zu handeln, schöpferisch zu leben; sie beschränkt sie aufs Überleben im Kreislauf der Marktbeziehungen»[3]. Nicht nur (oder primär) Ungerechtigkeit im Sinne ungerechter Verteilung charakterisiert die gegenwärtige Gesellschaft, sondern vor allem die in ihre Strukturen eingebaute Zerstörung autonomer Gestaltungsfähigkeit des Menschen überhaupt. Auf ihre Wiedergewinnung kommt es Illich vor allem anderen an. Schematisch ist diese Vielschichtigkeit noch einmal zusammengefaßt in seinem X-, Y- und Z-Achsen-Modell, mit dem er den traditionellen Links-Rechts-Konflikt als Herrschafts- und Verteilungskonflikt (X-Achse), die Alternative von «hart» und «sanft» im technischen und institutionellen Bereich (Y-Achse) und die Gegenüberstellung von «Haben» und «Sein» im Blick auf das Wesen menschlicher Befriedigung (Z-Achse) zusammenzufassen sucht.[4] Seine Gegenüberstellung von Gesellschaftsbildern auf der Z-Achse formuliert Illich selbst so:

Kritisch sieht er *«eine Gesellschaft, die aus dem Maximalwachstum der Warenintensität resultiert, wobei die Bedürfnisse zunehmend in verpackten Artikeln oder standardisierten Dienstleistungen Ausdruck finden, die von Fachleuten geplant und vorgeschrieben und unter ihrer Aufsicht produziert werden. Dieses Gesellschaftsideal entspricht dem Bild einer Menschheit, zusammengesetzt aus Individuen, deren jedes sich von Grenznutzenerwägungen leiten läßt – ein Bild, das sich von Mandeville über Smith und Marx und Keynes entwickelt hat und von Dumont mit dem Terminus ‹homo oeconomicus› charakterisiert wird.»*

Dem konfrontiert er «das Bild einer modernen Gesellschaft, die auf Subsistenztätigkeiten beruht, wobei Waren und Industrieproduktion nur insofern als wertvoll gelten, als sie entweder Hilfsquellen oder Instrumente für die Subsistenztätigkeiten sind. Hier entspricht das Gesellschaftsbild dem ‹homo vernacularis›, der mit modernen, gebrauchswertorientierten Werkzeugen ausgestattet ist.»[5]

Damit ist klar, daß Illichs Kritik am Industriesystem und an der Expansionsgesellschaft der Gegenwart weit hinausgreift über jenes Verständnis von Ökologie, das sich nur (!) auf die Idee eines selbsterhaltenden Gleichgewichtes innerhalb der äußeren Natur und auf die Zurückdrängung menschlicher Natureingriffe zugunsten eines

Gleichgewichts zwischen Mensch und (äußerer) Natur beziehen würde. Es ist die *Menschennatur*, der Illich sein Maß und seine Gesellschaftskritik entnimmt. Nicht nur die Verträglichkeit mit der Natur sollte wiedergefunden werden, sondern der Mensch soll wieder *in Übereinstimmung und im Gleichgewicht mit sich selbst* leben können. Was das sein könnte, ob das sein könnte, wie das sein könnte – diese Fragen sind nicht nur an Ivan Illich gestellt.

Politische Horizonte

Jeder Gesellschaftskritiker provoziert die Frage nach Alternativen. Je grundsätzlicher die Kritik ansetzt, um so schwieriger sind solche Erwartungen einzulösen. Es ist nicht ohne Konsequenz, daß etwa Theodor W. Adorno und Max Horkheimer bereits die Fragestellung von sich gewiesen haben. Ivan Illich macht immerhin einige Andeutungen. Zwar sieht er keinen Sinn darin, «eine detaillierte Fiktion der Zukunftsgesellschaft zu entwerfen», aber eine «Richtschnur für das Handeln», einen «Rahmen für den freien Lauf der Imagination» ist er bereit anzubieten.[6]

Zielhorizonte: Konviviale Technik, konviviale Gesellschaft, menschengerechte Struktur, institutionelles Gleichgewicht, Entzunftung, Subsistenztätigkeit und «vernakuläres Leben» – das sind die wesentlichen Stichworte, die als Richtschnur dienen könnten:

«Eine konviviale Gesellschaft wäre eine Gesellschaft, die dem Menschen die Möglichkeit gibt, autonome und kreative Tätigkeiten mit Hilfe von Werkzeugen auszuüben, die durch andere weniger kontrollierbar sind.»[7]

Sein Verständnis von Subsistenztätigkeit charakterisiert er mit dem Ausdruck «vernakulär», einem lateinischen Wort, «das in Rom zwölfhundert Jahre lang benutzt wurde zur Bezeichnung von selbsterzeugten, hausgemachten, gemeinsam hergestellten Werten, die einen Mensch schützen und verteidigen kann, obwohl er sie weder auf dem Markt kauft noch verkauft. Da wir kein einfaches Wort für das Gegenteil von Waren und ihren Schatten haben, wollen wir es mit diesem versuchen. Es erlaubt mir zu unterscheiden zwischen der Expansion des informellen Sektors der Schattenwirtschaft und dem Gegenteil, der Expansion des vernakulären Bereichs.»[8]

Zwar stellt er sich keine vollständige Ersetzung der Warenökonomie des Industriesystems durch vernakuläre Subsistenz vor, wohl aber eine «postindustrielle Gesellschaft mit komplementären Produktionsweisen», zusammengesetzt aus einer begrenzten Industrie, einem informellen Sektor und Subsistenztätigkeit.[9] Eine «konviviale Technik» autonom kontrollierbarer Werkzeuge ist offenbar der Schlüssel zu einer solchen Entwicklung, weil nur über die Wiederaneignung von Fähigkeiten der Eigenproduktion, des Selber-Machens, die radikalen Monopole unterminiert und erst damit auch die Bestimmung über die eigenen Bedürfnisse wieder zurückgewonnen werden kann. Sich herauslösen, sich herausarbeiten aus den Markt- und Organisationsstrukturen der Warenwelt und des Zwangskonsums, das ist wohl die Essenz des Horizonts, den Illich skizziert.

«Politische Umkehr»: Welchen Verlauf auf dem Weg zu diesem Ziel stellt sich Illich vor, welche Kräfte sieht er am Werk, welche politischen Formen hält er für notwendig? Offenbar hat er ein klassisches Krisenmodell im Auge[10]: Der Weg von der Katastrophe zur Krise werde durch «den strukturellen Widerspruch zwischen den offiziellen Zielen unserer Institutionen und ihren wirklichen Resultaten» vorgezeichnet, ein unvorhersehbares und wahrscheinlich geringfügiges Ereignis könne als Zündkapsel der Krise wirken, und plötzlich könne der Mehrheit die Augen geöffnet, könnten die öffentlichen Vorstellungen umgestülpt werden[11]; denn «im Innern des Sozialkörpers sind Kräfte, die zu einer Begrenzung der Produktion tendieren, bereits am Werk»[12], wobei freilich diese Kräfte als «neue Gruppen», «Bevölkerungsschichten, die bisher keine Rolle spielten» oder als «soziale und politische Bewegungen» nur undeutlich benannt sind; in der zugespitzten Entscheidungsalternative zwischen Produktionsbegrenzung durch technokratisch-oktroyierte Schwellendekrete oder durch eine Beachtung menschengerechter Schwellenwerte durch die Menschen selbst[13] könne es jedenfalls zu einer «plötzlichen Mutation» kommen, in der der Gesamtprozeß: Strukturwiderspruch – Katastrophe – Krise – Rekonstruktion der Gesellschaft in den Weg zur konvivialen Gesellschaft einmünde. Das ist eine recht traditionsreiche Denkfigur, dialektisch inspiriert, aber vielleicht doch auch eschatologisch gemeint. Daß kein Marxsches Revolutionsmodell dahinter steht, ergibt sich aus dem Fehlen eines Versuchs, die revolutionären Kräfte und Faktoren in irgendeiner Weise systematisch aus einer irgendwie gearteten «inneren Widerspruchslogik» herzuleiten, ebenso aber aus der eindeutigen Ablehnung irgendwelcher für das «Machen» der Revolution zuständigen Avantgarden, Experten, Sektierer, politischen Parteien oder sonstigen Organisationen.[14] Den «Weg zur politischen Umkehr» finden wir dann wohl eher in den Denktraditionen des «politischen

Theologen» Illich, der ja auch seine Kritik an den modernen Expertenzünften mehr als einmal explizit in Parallele zu seiner eigenen Kritik an der Kirche als der ersten, großen, umfassenden, geradezu einen Prototyp darstellenden modernen Dienstleistungs-, Wohlfahrts- und Expertenorganisation gesetzt hat.

Als politische Formen, in denen der Mutationsprozeß der Krise angemessen ausgetragen werden könne, empfiehlt Illich «kontradiktorische Verfahren», also politische und juridische Verfahren, «in denen Interessenkonflikte ihre Legitimität nicht verlieren», sondern in denen Konflikte um neue Grenzziehungen gegenüber der industriellen Dynamik inhaltlich und partizipatorisch adäquat ausgetragen werden können.[15] Durch solche Verfahrensweisen sollen sowohl die Politik (als bewußte Gestaltungsmöglichkeit) als auch das Recht wieder hergestellt werden. Wie weit er den (angedeuteten) Weg zu einem neuen Gewohnheitsrecht gehen würde, bleibt freilich offen, ebenso, welche Entscheidungsinstanz den Bezugspunkt für die Verfahren des kontroversen Plädierens letztlich bilden sollte. Klar ist, daß er im gegenwärtigen parteienstaatlichen Parlamentarismus keine hinreichende Gewähr für die Entwicklung eines neuen Natur-Rechts sehen kann, wenngleich dort die kontroversen Verfahren institutionell mehrfach eingebaut sind (Wahl, Debatte). Doch dürften ihm letztlich *negative* Entscheidungsmechanismen genügen, da es ja gesellschaftlich darauf ankommt, vorrangig einige wesentliche *Begrenzungsentscheidungen* durchzusetzen.

Die Umkehr durch jedermann: Also bleibt, ganz im Sinne einer «politischen Theologie», für Struktur und Verlauf des Prozesses, der zur politischen Umkehr führen soll, nur die Umkehr durch jedermann. Illich analysiert, argumentiert, rührt auf, redet ins Gewissen, wirbt für neue Werte und alte Tugenden, er «predigt» also die Umkehr, damit jeder bei sich selber anfange und für sich ein konviviales Leben baue. Ein Hauch der uralten Prophetenrolle ist unverkennbar, auch wenn Illich weder das Wort «Prophet» noch das Wort «Rolle» je über die Lippen käme. Die Aufforderung zur Umkehr an jedermann ruht im Kern auf Illichs Kritik der Bedürfnisse, die dann als persönliche Ansprache lautet: «Erkennt eure wahren Bedürfnisse!» Darin liegt ein radikal anderes Politikverständnis, als es sich im demokratischen Routinebetrieb mindestens seit Durchsetzung des allgemeinen Wahlrechts eingespielt hat: Denn die Parteien, Organisationen und Repräsentanten konkurrieren offiziell nur darum, mit Bezug auf die autonom vorgegebenen Bedürfnisse, Wünsche und Interessen der (äußerst heterogenen) Bevölkerung als die jeweils kompetentesten *Realisatoren* zu gelten (praktisch verhalten sie sich allerdings meistens so, als wüßten sie besser, was für den einzelnen gut ist). Illich, der kein Prophet sein will, versteht sich in dieser Hinsicht wohl selbst als ein «konviviales Werkzeug», daß es jedermann ermöglichen soll, sich auf die provozierende Frage nach seinen wahren Bedürfnissen einzulassen.

2. Einwände und Fragen

Kleinere Einwände

Über beträchtliche Strecken kann ich Illich folgen. Sein Aufruf, Grenzen der ökonomischen Expansion zu beachten (und zwar in Selbstverantwortung, nicht oktroyiert), ist angesichts der zerstörerischen Prozesse unmittelbar plausibel. Sein nachdrücklicher Hinweis auf die Kontraproduktivität zahlreicher Versorgungs- und Dienstleistungssysteme schlägt geschickt eine Brücke zu dem möglichen Wunsch, Abstand zu nehmen, auch wenn das praktisch dann immer noch sehr viel schwieriger ist. Das Konzept des radikalen Monopols, das durch seine Existenz und Ausdehnung einen Zwang zur Inanspruchnahme und wachsenden Abhängigkeit ausübt, trifft angesichts der «sozialen Grenzen des Wachstums»[16] einen zunehmenden Erfahrungsgehalt.

Allerdings sehe ich auch Unklarheiten und Verkürzungen. Nehmen wir zunächst das so plausibel erscheinende Beispiel des radikalen Monopols «Verkehr». Fragen wir zunächst nach dem Entstehungsprozeß. Nach Illich erscheint es so, als ob bereits die Möglichkeit des motorisierten *Transports* immanent das Bedürfnis nach dieser Fortbewegungsart eskaliert und damit die Fähigkeit des einzelnen zur Bewegung aus eigenem Antrieb (*Transit*) verkümmert habe. Dabei bleiben all diejenigen Faktoren außer Betracht, die im gesellschaftlichen Gesamtzusammenhang den Zwang zu Mobilität und Inanspruchnahme von Transportleistungen mindestens mit erzeugt und verstärkt haben: überlokale und überregionale Marktbeziehungen, besonders im gewerblichen Bereich; kapitalistisch freigesetzte Steigerung des gewerblich-industriellen Produktionspotentials und seine auch räumlich arbeitsteilige Strukturierung; die Zusammenballung von Produktionspotentialen und Bevölkerung in städtischen Zentren, die zunächst den stadtinternen Transportbedarf sogar reduziert, das Transportvolumen für den Warenverkehr allerdings hochtreibt. Für die Raumstruktur und die Transportabhängigkeit der entstehenden großstädtischen Ballungsräume ist dann zweifellos richtig, daß der Ausbau der Transportsysteme (zunächst Bahnen, dann das Straßennetz) eine Ausfächerung der Siedlungsstruktur, verknüpft mit einem funktionellen Zentralismus, begünstigte, die schließlich auf Grund der Dominanz des Automobils in der Kontraproduktivität der verstopften Straßen blockiert ist. Was für den Automobil-Verkehr (mit einem im Ansatz hohen Autonomiegrad für den einzelnen) gilt, müßte indes nicht ohne weiteres für ein Transportsystem aus Eisenbahnen und Straßenbahnen gelten. Die rein interne Eskalationslogik der einzelnen Monopolsysteme unter Ausklammerung anderer struktureller Einflußfaktoren scheint mir daher doch zu stark radikalisiert. Das macht es aber um so schwieriger, dem Aufruf zur Distanzierung vom System der radikalen Monopole zu folgen, denn der Abschied vom Automobil würde für viele zugleich den Verzicht auf einen bestimmten Wohnort, oder auf eine bestimmte Berufstätigkeit oder Einkommen überhaupt, oder auf die Erreichbarkeit bestimmter Dienstleistungsangebote oder kultureller Möglichkeiten, vielleicht auch mehrere dieser Bedürfnisse zugleich bedeuten. Positiv gewendet heißt dies, daß eine Fundamentalkritik an den Verkehrssystemen, wie Illich sie vorträgt, von einem schmerzlich erlebbaren Punkt aus auf komplexe Weise in viele andere Strukturfelder hineinzündelt. Es ist allerdings wahrscheinlich, daß viel Kraft im gedanklichen Kreisverkehr der Transportkritik hängen bleibt.

Ähnliche Einwände ergeben sich zu der Definition und Erklärung von radikalen Monopolen der «Expertenzünfte» im Dienstleistungsbereich. Sind es wirklich die Lehrer, Ärzte, Juristen, Psychologen, Sozialarbeiter und sonstigen «therapeutischen Versorgungslieferanten», die das Bedürfnis, ja den Zwang zu ihrer Inanspruchnahme selbst dekretieren können? Sicher ist es richtig, daß durch die Professionalisierung solcher Funktionen in großem Umfang alltagspraktische Fähigkeiten einer Vielzahl von Menschen verdrängt wurden, was einer Selbststabilisierung von Professionalitätsbedarf gleichkommt. Aber hat nicht eher die Zunahme von Arbeits- und Verkehrsunfällen die Nachfrage nach chirurgischen Leistungen hochgetrieben als die Normierungsmacht von Chirurgen? Waren die Lehrer an der Durchsetzung der Schulpflicht interessiert, oder war es eine viel weiter gespannte Mischung aus Kontrollinteressen und Interessen an gleichem

Bildungszugang (Arbeiterfamilien hielten sich ja keine Hauslehrer)? Haben Ärzte die Pflicht zum Arztbesuch institutionalisiert, oder sind es nicht die Kontrollinteressen der Unternehmen und der Krankenkassen? Lag es nur oder überwiegend im Erwerbsinteresse der Juristen, daß das Rechtssystem differenziert und der Zugang zum institutionalisierten Recht (man nehme nur das Arbeitsrecht) sozial verbreitert wurde? Mir scheint, daß auch in diesen Bereichen ein Teil des Fächers der Verursachungsfaktoren bei Illich ausgeklammert bleibt und damit der Kritik nicht ausgesetzt wird. Soll man gegen die Sozialarbeiter oder, sagen wir, die Schulpsychologen anrennen, obwohl die Ursachen der Armut oder der psychische Deformationsdruck auf die Familien unbehelligt fortbesteht? Ich will freilich gerne einräumen, daß es den attackierten Expertenzünften durchaus gut ansteht, sich auch von einer verkürzten Provokation zu radikalem Nachdenken über die eigene gesellschaftliche Funktion hinreißen zu lassen.

Zieht man die Harmonika der Erklärungs- und Funktionszusammenhänge etwas weiter auseinander, trifft man neben der von Illich herausgestellten Bedürfnisdeformation auf das Phänomen der Verschiebung und Verdrängung von Verantwortlichkeit, in das die Experten (Ursache oder Folge ihres Sozialprestiges?) in besonderer Weise verstrickt sind. Die Lehrer werden überladen mit Aufgaben der Eltern, die Ärzte mit denen von Priestern, die Juristen sind die Müllabladeplätze der Politiker, das Verkehrssystem soll die mangelnde Kontrolle der Bodenpreise kompensieren, die Schule soll einen Umweg zum sozialen Aufstieg ebnen, und die Psychologen und Sozialarbeiter haben die Folgen des durch Mobilität und Instrumentalismus erzwungenen Zerfalls menschlicher Beziehungen auszubügeln. Diese Verschiebebahnhöfe von Verantwortungsentlastung halte ich für problematischer als die bei den einzelnen Expertengruppen mehr oder weniger stark vorhandene Befugnis der funktionellen Selbstdefinition. Denn dieses System immunisiert sich gegenseitig gegen Kritik und Veränderung und hält daher auch dem Aussteiger viele politische Abstellgleise bereit. Wenn ein Mehr an Autonomie des einzelnen ein Widerlager in institutionellen Strukturen haben soll, dann wird Illichs Ansatz in dieser Richtung noch beträchtlich ausgebaut werden müssen.

Ganz allgemein gesprochen, kritisiert Illich die Waren produzierende und Waren konsumierende Gesellschaft der modernen Zivilisation, angewandt auf die Industrie ebenso wie auf die modernen Dienstleistungen und die öffentlichen Infrastruktureinrichtungen (auch auf die kommerziell organisierte Landwirtschaft und die Lebensmittelmärkte müßte er diese Kritik konsequenterweise beziehen). Einige der Vorläufer eines solchen Ansatzes seien hier um des besseren Verständnisses willen kurz erinnert. Am naheliegendsten scheint Rousseau, der ja ebenfalls in der Kontrastierung von Zivilisation und (menschlicher) Natur und von der Entwicklungsdynamik der Bedürfnisse her dachte; er sah in der gesellschaftlichen Arbeitsteilung die wesentliche Ursache für die Steigerung der Produktionsmöglichkeiten, denen dann notwendigerweise auch eine Explosion der Begehrlichkeiten und Bedürfnisse nachwachsen müsse, ja sogar das Wachstum der Bedürfnisse die Steigerung der Produktivkräfte überhole und vorauseilend in Schwung halte. Gegen den damit in Gang gekommenen sozialen und menschlichen Deformationsprozeß empfahl auch er eine Ethik der Bedürfnisbegrenzung (und ein demokratisches politisches System, das soziale Gleichheit auf niedrigem Bedürfnisniveau sichern sollte). Während Hobbes die Wünsche und Bedürfnisse («appetites») für prinzipiell grenzenlos hielt und konsequenterweise beim Leviathan endete, glaubte Rousseau an die Möglichkeit der Aufklärung über zivilisatorische *Entfremdung*, um sie damit einzudämmen. Seitdem ist Entfremdung ein fester Bestandteil kritischer Sozialphilosophie. Mit Marx wurde der Entfremdungsbegriff in die Produktionssphäre verlagert, weil die Selbstverwirklichung durch Arbeit unter kapitalistischen Produktionsbedingungen der schöpferischen Autonomie des einzelnen enteignet sei. Entfremdetes Konsumieren, bei Marx allenfalls implizit enthalten, hat in der Theorie (außer bei einigen Außenseitern) lange Zeit keine Beachtung gefunden, bis dann einerseits Heidegger, andererseits die Frankfurter Schule (besonders Adorno und Marcuse) ihre Kritik auf die kulturellen Verblendungszusammenhänge der Konsumwelt ausdehnten. An solche Überlegungen kann Illich anknüpfen (ohne es explizit zu tun), wobei er aber die Scheu insbesondere Adornos vor jedweder Andeutung einer Alternative nicht teilt. Die Eigentümlichkeit seines Ansatzes liegt darin, daß er durch eine Kritik des Konsumierens zugleich anstiften will zu einer unentfremdeten Arbeit («Subsistenztätigkeit»), aus der dann ihrerseits die Fähigkeit zurückgewonnen werden soll, die eigenen Bedürfnisse wieder autonom aufzufinden. Damit versucht er nichts weniger, als die Bedürfnisfrage über Marcuse, Adorno und Marx rückwärts bis Rousseau wieder aufzurollen, und das ist gewiß kein kleines Vorhaben.

Die Richtung freilich, in der Illich die Wiederaneignung der Bedürfnisse suchen will, ist eine gänzlich andere als bei Rousseau. Dieser, mit dem Etikett «Zurück zur Natur!» mehr mißverstanden als verstanden, hatte ja den Verlust des natürlichen Zustandes nicht etwa durch eine einfache Umkehrung der Entwicklung (die ihm illusionär erschien) zu bewältigen gesucht. Vielmehr glaubte er, durch ein ausgesprochen zivilisatorisches Projekt ein systematisches Äquivalent, einen «Quasi-Naturzustand» hervorbringen zu können, nämlich durch die bewußte und auf die gleiche Beteiligung aller gegründete Republik, durch deren vom Gemeinwillen angeleitete Gesetzgebung Freiheit, Gleichheit und Bescheidenheit gesichert werden könnten. Dieses zivilisatorische Staatsgründungsprojekt Rousseaus ist natürlich ganz in der «Dialektik der Aufklärung» befangen, die von Adorno/Horkheimer kritisch reflektiert worden ist. Auf solche zivilisatorischen Umwege würde sich Ivan Illich nicht festlegen. Er scheint vielmehr eine gegenteilige Richtung zu verfolgen. In seinen Marburger Vorlesungen und Diskussionsbeiträgen zeichnete sich vielmehr die Neigung ab, den Strukturmustern moderner Gesellschaften überhaupt den Abschied geben zu wollen. Das betrifft im Grundsatz alle Entwicklungen der Differenzierung gesellschaftlicher Teilsysteme und Funktionsbereiche, damit der Arbeitsteilung und Spezialisierung, der Institutionalisierung, der Ausbildung sozialer Rollen und der daran geknüpften Standardisierung von Interaktionen und Handlungsmustern. Letztlich ist Illichs Entfremdungskritik auf diesen gesamten Zusammenhang bezogen, nicht nur auf die Entfremdung durch die konsumentenhafte Befriedigung falscher Bedürfnisse. Gegenüber dem sozial strukturierten «Individuum», das die kleinste Funktionseinheit im Rahmen der sozialen Systeme darstellt, sucht er nach einem revitalisierten Menschen, der das natürliche Maß des Menschlichen autonom finden kann und zu spontaner Geselligkeit fähig ist. Der Horizont dieser sympathischen Utopie heißt wohl Verabschiedung der gesellschaftlichen Vermittlungen und Freilegung einer neuen «natürlichen» Unmittelbarkeit. Die Auswanderung aus den sozialen Systemen, Institutionen und Rollen, die Illich anstiften will, eröffnet dann Wege zu einer neuen Unmittelbarkeit zur äußeren

Natur, zur eigenen Menschennatur, zu den anderen Menschen und auch – entsprechend der immanenten politischen Theologie – zu Gott. Die Kritik der Kirche als Institution scheint für die Kritik gesellschaftlicher Institutionalisierungen überhaupt einen exemplarischen Charakter zu haben. Es bleibt indes die Frage, ob ein letzter Bezugspunkt, wie er mit dem Begriff Gottes noch die fundamentalste Kirchenkritik überlebt, auch hinter einer radikalen Kritik von Gesellschaft überhaupt hervortritt.

Größere Fragen

Welche Konsequenzen ergeben sich nun aus Illichs Ansatz? Am einfachsten läßt sich wohl die Schlußfolgerung benennen, die jeder einzelne für sich selbst ziehen könnte: seine Bedürfnisse überprüfen, seine Verstrickungen überdenken, seine Funktionen und Rollen in Frage stellen. Das ist leichter gesagt als getan. Würde sich eine größere Zahl in diesem Sinne in Bewegung setzen, so würde damit auf einige Zeit gleichwohl die Welt weder umgekrempelt noch zusammenstürzen; sie hätte vorläufig eher einen Zugewinn an Ursprünglichkeit, frischer, selbstbewußter Tatkraft und möglicherweise auch etwas Wildheit. Das könnten die verknöcherten Verhältnisse allemal gut vertragen. Dennoch würde man gerne wissen, welche Beziehungsstrukturen und Handlungsmuster daraus schließlich erwachsen könnten oder nach Illichs Auffassung erwachsen sollten. Er hat darüber wenig Andeutungen gemacht. Die wichtigsten Hinweise ergeben sich im Zusammenhang mit seiner Begrifflichkeit von einem «vernakulären Leben». Gemeint ist damit ein nicht instrumentell auf den Markt ausgerichtetes Arbeiten und Leben, also ein häuslich-lokaler Lebenskreis von Subsistenztätigkeit und persönlicher Eigenkultur, in dem Mündlichkeit, Unmittelbarkeit der Person, konviviale Werkzeuge und der Umgang mit Gebrauchswerten wurzeln können. Alle illustrierenden Beispiele, die sichtbar geworden sind, laufen freilich auf bäuerliche Lokalkulturen hinaus. Wäre dies die Modellvorstellung, so hätte man es zwar einerseits mit großer Ursprünglichkeit und Beziehungsintensität zu tun, andererseits wären die Mitglieder eines solchen Kulturkreises wesentlich lokal gebunden, auf Lebensmittelproduktion und damit unmittelbar verknüpfte Werkzeuge und Güter festgelegt, entsprechender Zugang zum Boden wäre unterstellt, und bei geringer sozialer Differenzierung, anders gesagt, bei relativ großer Homogenität der Gruppe wäre auch ein recht großer Konformitätsdruck und eine wohl geringe Toleranz bei Abweichung anzunehmen. Soziale Normierungen, die die Autonomie des einzelnen einschränken, und in der Regel auch die «Ausdifferenzierung» einiger weniger funktionell herausgehobener «Rollen» (im religiösen, gesundheitlichen und handwerklichen Bereich) sind ja in solche Lebens- und Gemeinschaftsformen üblicherweise integral eingebaut. Autonomiebegrenzungen werden also in solchen Lebensformen keineswegs vermieden, wenngleich sie möglicherweise durch die Fülle der menschlichen Lebensbeziehungen ausgeglichen sein mögen. Doch ist ganz unwahrscheinlich, daß die ländliche Lebensgemeinschaft als verallgemeinerbarer Entwicklungshorizont für die Auswanderung aus den Systemen und Rollen dienen könnte. Illich selbst hat denn auch mehr als einmal betont, daß es um *kontrastive Denkfiguren* gehe, die nicht als Gestaltungsprogramm zu verstehen seien. Dies gilt im übrigen nicht nur von der Rede von vernakulären Lebensweisen, sondern auch für Illichs Genus-Ansatz, in dem der modernen familiär individualisierten und industriewirtschaftlich privatisierten Frauenrolle die historisch vorausgegangenen, kulturell abgegrenzten Domänen männlicher und weiblicher lebensunterhaltender Tätigkeitsbereiche gegenübergestellt werden. Diese kontrastiven Denkfiguren sollen dem Nach-Denken aufhelfen, sie wirken sozusagen wie die Nadeln bei der Kunst der intellektuellen Akupunktur. Um so schattenhafter bleibt aber das Bild dessen, was als Zukunft hinter dem Horizont aufsteigen soll.

Eine sozialwissenschaftliche Beleuchtung des Ansatzes von Ivan Illich kann sich nicht damit begnügen zu fragen, ob seine kontrastiven Denkfiguren historisch richtig aufgefaßt seien oder ob seine kritischen Einwendungen gegenüber der jetzigen gesellschaftlichen Struktur und ihren Entsprechungen auf der subjektiven Seite plausibel begründet sind. Wenn eine sozialwissenschaftliche Anfrage an Illich indessen darüber hinausgehen will, steht sie vor dem Problem, daß Illich keine Strukturziele programmieren, sondern jeden einzelnen zu neuen Aufbrüchen ermuntern und ihm auch die Verantwortung für Wege und Ankunft konsequenterweise ganz überlassen will. Auch wenn kein explizites Zukunftsbild sichtbar ist, sollten aber doch die angedeuteten Zielorientierungen kritisch reflektiert werden. Es ergeben sich dann eine Reihe grundsätzlicher Fragestellungen, für deren Beantwortung ich bisher bei Illich noch keine Hinweise sehen kann:

– Nachdem im wesentlichen nicht mehr an eine Tradition lokaler Gemeinschaftlichkeit angeknüpft werden kann, ist die Frage nach dem Verhältnis des einzelnen und sozialen Gruppen und Gemeinschaften offen. Der von Illich durchgängig positiv verwendete Begriff der Autonomie deutet auf ein Individualkonzept hin, was freilich in scharfer Spannung stehen würde zu Illichs Kritik am modernen Individuumsbegriff und zu seinen Vorstellungen von vernakulärer Kultur, die den Gedanken der Gemeinschaftlichkeit notwendigerweise voraussetzen. Wie wäre also der Individual- und der Sozialhorizont ineinanderzufügen? Wie wäre insbesondere die Idee der Autonomie im Rahmen von Gruppen und Gemeinschaften zu fassen?

- Der Ort der Subsistenz: So wie die häuslichen Lebensverhältnisse heute sind, mag gebrauchswertbezogene Subsistenztätigkeit zunächst zwar hier ansiedeln, kann aber weder ihren räumlichen noch ihren sozialen künftigen Ort letztlich hier finden; andererseits dürfte der Rückweg zu bäuerlich-vernakulärer Gemeinschaftlichkeit verschlossen sein – wo also könnte eine neue Vernakularität Wurzeln schlagen?
- Wie könnte der kulturell entwickelte Stand von Wissen, Können und Fähigkeiten, der ja nach Illich keineswegs dem Versuch der Wiedergewinnung früherer und verlorengegangener Kenntnisse geopfert werden sollte, ohne eine soziale Funktionsdifferenzierung aufrechterhalten und gemehrt werden? Wenn aber soziale Differenzierung um der kulturellen Fülle willen in die Zukunft mitgeführt würde, wie könnte sie dem einzelnen zugänglich gemacht und im Lebenszusammenhang von sozialen Gruppierungen ohne Austauschverdinglichung integriert werden?
- Wie können die Verfügungs- und Gebrauchsmuster einer «konvivialen Technik» dagegen abgeschirmt werden, daß erneut ein der neuzeitlichen Produktivkraftentwicklung vergleichbarer eigendynamischer Prozeß der Wissens- und Bedürfnisexplosion einsetzt und die Barrieren der Selbstbegrenzung damit erneut überspült?
- Da Autonomie und Konvivialität nur in entsprechenden «dezentralisierten» Verfügungsstrukturen, letztlich also Eigentum, verankert werden können, muß eine angemessene Differenziertheit der Rechtspositionen und der Rechtsverfahren erhalten bleiben (oder in spezifischer Weise geschaffen werden). Ein etwaiger Rückgang rechtlicher Konflikte im Bereich des wirtschaftlichen Marktverkehrs kann darin nichts Prinzipielles ändern. Damit bleibt die Frage nach rechtspflegenden Institutionen erhalten und letztlich auch das

Problem der beruflichen Spezialisierung von Rechtskundigen (Experten). Ist also nicht durch den Autonomiebegriff eine Logik der Differenzierung in Gang gesetzt, die auch durch Illichs Wegweiser für Selbstbegrenzung und Bedürfnisreflexion nicht mehr prinzipiell umkehrbar ist?

Illichs Angriff gegen einen verdinglichten Individualismus der Neuzeit, der in den bürokratisierten Institutionen der großen Funktionssysteme strukturell verknöchert ist, führt mit Recht zunächst zum Gedanken einer neuen Individualität, oder genauer: einer neuen Subjektivität und Autonomie. Wenn solche neue Individualität soll entstehen und sich erhalten können, so muß sie in sozialen Formen und sozialen Strukturen gesichert werden (sich selber sichern). Es mag der zweite Schritt vor dem ersten sein, über solche Strukturen konstruktiv zu phantasieren. Jedoch liegt hier die versteckte Konsequenz in Illichs Horizont, die ihm und allen von ihm Angeregten noch viel Mühe machen wird.

Hans Christoph Berg

Bildung im sauren Regen – hilft Illich?

Zur Einstimmung: Dreißig Wüstenjahre spannten sich zwischen dem Wegzug der Israeliten von den Fleischtöpfen Ägyptens und dem Einzug ins Gelobte Land; eine Generation zerging in der Wüste zwischen dem Abschied vom Alten und der Ankunft im Neuen; dreißig Jahre lang wurde das Volk Gottes in der Wüste umgeschmolzen bei Sonnenglut und Sternenkühle, bei Felsenwasser und Mannabrot, in Zweifel und Hoffnung. Der Zug von Ägypten nach Palästina wäre zwar auch in dreißig Wochen statt Jahren zu machen gewesen, aber es hat eben nicht sollen sein: das neue Palästina wäre sonst wohl bloß ein Abklatsch des alten Ägypten geworden, das Gelobte Land ohne Wüste davor bloß das Gewohnte Land, ein ägyptisches Volk wäre bloß zum palästinensischen Volk geworden und nicht zum Volk Gottes in Israel.

«Erziehung nach Auschwitz», nach Hiroshima, nach Seveso, nach Retortenbaby mit DDT-Muttermilch – im heutigen «Menschenbeben» (Jungk) spüren viele, daß wir irgendwie von den Fleischtöpfen des Superindustrialismus loskommen müssen, auch wenn heute kein neuer Mose alte prophetische Verheißungen erneuern kann. Und wir spüren, daß wir nicht schnurstracks in ein neues Gelobtes Land einmarschieren können und dürfen. Ja, aber was sollen wir dann tun? – Dank dir, Ivan, für deine gelassenen und witzigen Schnitte durch alte Gewohnheitsfesseln; Dank für den lächelnden Gleichmut, mit dem du eigenfüßig die Wüstenwanderung aufnimmst, zäh, freundlich, klug und unbeirrbar geschmackvoll und neugierig: wie stinkig doch diese Fleischtöpfe tatsächlich geworden sind für eine aufgeweckte Nase, und wie verlockend die Wüste.

1. Illichs Schulblick:[1]

Erstens werde ich Illichs zentralen und leicht greifbaren Vortrag auf dem Göttinger Kongreß der Deutschen Gesellschaft für Erziehungswissenschaft (1980) referieren: «Erziehung im siebten Stock» (damals unter dem Titel «Erziehung am Ausgang des Industriezeitalters»; er könnte auch heißen «noch mehr Erziehung – danke nein»). Zweitens werde ich diesem Vortrag vier Ergänzungen aus den weiteren schulkritischen Illich-Schriften hinzufügen: seine Schlüsselszene, sein Qualitätsmaßstab, seine Alternativen zur Schule und sein grundlegendes Ordnungsbild. Drittens werde ich einige kurze eigene Bemerkungen und Fragen anhängen.

Illichs «Erziehung im siebten Stock»

– *Erziehung kann fehlende Erfahrung nicht ersetzen:* Bislang wächst die Erziehung und ihre Institutionalisierung immer weiter, weil jede weitere Form der unmenschlichen Industriegesellschaft als pädagogische Herausforderung begriffen und mit mehr Erziehung beantwortet wird. Aber das Wachstumsmodell ist in der Erziehung genauso verfehlt wie in der Energieversorgung und beim Verkehr: noch mehr Energie – nein danke; noch mehr Erziehung – danke nein. Für das Leben im 7. Stock soll man nicht erziehen, sondern man soll den Wohnknast politisch abschaffen statt pädagogisch aushaltbar machen. Denn noch so viel Erziehung kann nicht den Unsinn solchen erfahrungsarmen Lebens aufwiegen.

– *Erziehung will Erfahrung ersetzen, ja verdrängen:* Im historischen Gang enthüllt sich das Projekt der Erziehung als Teilprojekt, Vorläuferprojekt des neuzeitlichen Projekts der Verfügbarmachung des Menschen. Auch die Pädagogik reduzierte den Menschen auf ein Mängelwesen: der homo educandus als ein belehrungsbedürftiges Mängelwesen, dem man alles beibringen mußte, sollte, konnte, durfte, ein Zwillingsbruder des homo oeconomicus als dem habgierigen Mängelwesen der Wirtschaft: der erziehungsbedürftige und der versorgungsbedürftige Mensch sind zwei Abkömmlinge desselben «Mängelwesen Mensch», unfähig zur eigenen Selbstversorgung, Unterhaltswirtschaft, Subsistenz. Historisch aufschlußreich: Gleichzeitig mit Kolumbus, der Amerikas Ureinwohner mit Europas Errungenschaften beglückte, trat Nebrija hervor mit dem Plan, die Spanier von ihren althergebrachten Mundarten in eine künstliche Einheitssprache umzuerziehen. Auch die Pädagogik nimmt teil am fünfhundertjährigen neuzeitlichen Weltkrieg gegen die Subsistenz im Erwerb von Mundart, Lebensweise, Weltsicht und Leidenskunst; ein Krieg gegen die Subsistenz, der mit der Neuzeit begonnen und mit ihr zu Ende kommen könnte; mit dem Industriezeitalter könnte auch das Schulzeitalter enden.

– *Erziehung entzieht und verzieht:* sie will aus der Subsistenz herausziehen und in die Produktion (Lohnarbeit samt Schattenarbeit) hinüberziehen:

Die geläufige herrschende Gegenüberstellung von Lohnarbeit und Schattenarbeit ist unvollständig und zweitrangig, denn beide sind zusammengehörig-komplementäre Produktionsweisen, und beide gemeinsam stehen in viel tieferem primärem Gegensatz zu Subsistenzweisen. (Ähnlich wie sich der Ost-West-Konflikt angesichts des Nord-Süd-Gegensatzes zur innernordischen Querele relativiert.) Ob Unterricht beim bezahlten Lehrerbeamten in der Schule oder bei der unbezahlten heimlichen Miterzieherin zu Hause, das ist zweitrangig geworden, denn beides ist Erziehung, und beide Erziehungsarten stehen zusammen im Widerstreit zur unerzogenen Erfahrung; genauso wie die verschiedenen Transportarten unerheblich werden im gemeinsamen Widerstreit zum ursprünglichen Gehen, bei dem es inzwischen nebensächlich ist, ob es durch Bahngleise, Staudämme, Autobahnen oder Flughäfen behindert wird: Hauptsache, daß natürliches Gehen durch den industrialisierten Verkehr behindert wird, Nebensache wie.

– *Also moderne Formen der Subsistenz aufbauen,* so daß die ausgewucherte Erziehung samt anderen Formen der Produktion/Konsum-Ökonomie gesundschrumpfen und zur wertvollen Nebensache werden kann.

– *Zusammenfassung (besser: Inbild):* «Erziehung für den siebten Stock» heißt also: Die Menschen mit ihren allerletzten Wurzeln aus der alten Erde herausziehen, so daß sie kraftlos, gedankenlos, wehrlos, schmerzlos im siebten Stock eingehen können; eingehen in den gespenstischen Futurismus der neuzeitlichen Industriegesellschaft. Illich selbst hat damals in Göttingen gleichnishaft vom blauen Mais erzählt, hat das leider aber noch nicht aufgeschrieben, vielleicht erzählt er das nachher.

– *Illichs Vortrag in Göttingen:* Das Audimax passenderweise aus Sichtbeton; an einem der Seiteneingänge ein Fenster mit Blumenkästen und Landschaftsausblick draufgemalt (ein wirkliches Fenster hätte bloß die nächste Betonwand gezeigt); bei Vortragsbeginn lehnte sich eine Dame mit Hut aus diesem Fenster hinaus, und lange sah man sie ruhig die Landschaft betrachten – mit der Nase am Beton. – Illichs «verantwortungsloser» Vortrag hätte unserem Vorsitzenden fast seinen Vorsitz gekostet; danken wir also nicht bloß Illich für diesen Vortrag, sondern zweitens auch Hans Thiersch/Tübingen, der ihn auf den

Göttinger Kongreß der Deutschen Gesellschaft für Erziehungswissenschaft einzuladen gewagt hatte; und danken wir davor Stephan Pfürtner, der Ivan Illich zu einer Trainingsrunde nach Marburg einlud, woraus sich dann unser heutiger Illich/Marburg entwickelt hat.

Illichs Schulkritik skizziert in vier Ergänzungen zum Göttinger «siebten Stock»

Der Göttinger Vortrag war 1980; 1971 las man zuerst von Illich: «Mit dem Glauben an die Schule ist es vorbei.» – Dies der Eröffnungssatz seines «Plädoyer für die Abschaffung der Schule», 1971! ausgerechnet im Kursbuch von Enzensberger bei Wagenbach! Gerade war der Strukturplan für das Bildungswesen vom Deutschen Bildungsrat mit seiner 50-Milliarden-Reformforderung in einer seit 150 Jahren (seit Humboldt) nicht mehr erreichten Ganz Großen Koalition vorgelegt worden. Hentig 1972 schrieb in der Einleitung zu Illichs «Entschulung der Gesellschaft»[2]: «In die Euphorie der Bildungsreform, die auch ihre einstigen Gegner ergriffen hat, wird dieses Buch einschlagen wie eine Bombe. Es wird eine Allianz zwischen Reformern und Bewahrern stiften, die beide sich nicht geträumt haben. ... Hier erreicht die Kritik der Schule eine Gründlichkeit, wie sie seit Platon wohl nur bei Rousseau, Tolstoi und Bernfeld anzutreffen ist: Schule erscheint als nicht mehr reparierbar – sie ist selbst das falsche Gefährt.» – In Göttingen war jene Faszination und Bestürzung zwar auch noch spürbar, aber daneben inzwischen auch ein geschicktes Abducken: Schule tot – schon wieder? Na ja, wir haben schon viele Savonarolas mit ihren Weltuntergangspredigten samt drohenden Erdbeben und Donnergrollen dank unserem Sitzfleisch überlebt. Wir werden auch Illich schaffen. Und außerdem: Ist die Aufregung verflogen, so bleibt die Anregung – die Sache mit dem computerisierten Bildungsmarkt, die sollten wir uns doch mal anschauen ... soweit Illich in Göttingen gegen «die Diktatur des Sitzfleisches» (Killy).

– Erziehung als Erfahrungsentziehung im Bund mit Lohn- samt Schattenarbeit gegen Eigenarbeit – diese Göttinger Zentralaussage braucht vier Ergänzungen aus früheren Schulschriften Illichs:

Schlüsselszene (analog zum Montessori-Phänomen könnte man fast vom Illich-Phänomen sprechen): als These – ganz schlicht: Schule bringt wenig und kostet viel: «1956 sollte in möglichst kurzer Zeit ein paar hundert Lehrern, Sozialarbeitern und Geistlichen der Erzdiözese New York Spanisch beigebracht werden, damit sie sich mit Puertorikanern verständigen könnten. Mein Freund Gerry Morris gab in einer spanischsprechenden Rundfunksendung bekannt, daß er dringend Leute aus Harlem brauchte, deren Muttersprache Spanisch sei. Am nächsten Tag standen ein paar hundert Teenager vor seinem Büro Schlange. Er suchte vier Dutzend von ihnen aus – darunter viele, die drop-outs waren. Er brachte ihnen die Verwendung des vom US-Foreign Service Institute (FSI) herausgegebenen Lehrbuchs für die spanische Sprache bei – eines Buches, das eigentlich für Sprachlehrer mit akademischer Bildung gedacht ist –, und nach einer Woche unterrichteten die neuen Lehrer selbständig jeweils vier New Yorker, die Spanisch lernen wollten. In sechs Monaten war das Ziel erreicht. Kein Schulprogramm hätte bessere Ergebnisse erzielen können.»[3]

Qualitätsmaßstab: Schule kommt sprachlich von scholé und heißt unglaublicherweise Muße[3a] (Minister soll ja ähnlich kurioserweise Diener heißen). Wo und wie sinnvolle Muße in kontraproduktive Schule umkippt, welche Grenzen, welche Wasserscheiden werden überschritten? Illichs Denkfigur ist aus der biologischen Evolution geläufig: Selektionsvorteile können in Selektionsnachteile umschlagen; jeder kennt als Abrüstungsaufkleber den Saurier mit dem knappen Urteil: «Viel Panzer, wenig Hirn: ausgestorben». Ähnlich der Säbeltiger. Bei Goethe heißt dieselbe Denkfigur: «Vernunft wird Unsinn, Wohltat Plage, weh Dir, daß Du ein Enkel bist.» Oder Freuds sarkastisches Wort: «Prothesengötter». Wir haben es im Sommer «Wachsen statt Wuchern» oder «Schrumpfen statt Wuchern» genannt. Weil Illich diese Denkfigur von Evolution-Metamorphose-Pathologie leider nicht für die Schulgeschichte durchgeführt hat, will ich einmal die Entwicklungsreihe zu bedenken geben: Unterrichtsrecht (17. Jh.) – Unterrichtspflicht (1792) – Schulpflicht (1919) – Staatsschulpflicht (1938) – wieder zurück zur Schulpflicht (1949, BRD; die Zahlen gelten für Deutschland): m. E. ist nicht die Schulpflicht, sondern die Unterrichtspflicht das historische Optimum, möglicherweise aber sogar bloß das Unterrichtsrecht. Auch für Schule gilt, was Paracelsus sagte: «All Ding wird Gift, allein die Dosis macht's.»

Alternativen zur Schule – Wege zur Entschulung: Die vier Netzwerke, die das Monopol des Molochs Schule hinsichtlich der Bestimmung von Personen, Zeiten, Orten und Gegenständen brechen sollen – abgesichert durch eine anzustrebende Menschenrechtsänderung: Niemand darf wegen seiner Rasse, Geschlecht, Religion, Nationalität und wegen seiner Zeugnisse diskriminiert werden –, die vier Netzwerke[4]: Nachweisdienste für Bildungsgegenstände; Börsen für Fertigkeiten; Partnervermittlung; Nachweisdienste für Erzieher aller Art. (Als anregender interinstitutioneller Vergleich mit dem Gesundheitswesen: wie wäre ein ähnliches Nebeneinander von stationärer und ambulanter Behandlung im Bildungswesen?) – Vier Gegenzüge also zur «Verschulung», vor der Spranger 1928 gewarnt hat: wenn es so weiter ginge, würden bald alle Deutschen in die Schule gehen, die eine Hälfte als Schüler, die andere Hälfte als Lehrer.

Illich hätte sich auch auf Tolstoi berufen können. Tolstoi, der sich Sorgen machte, wenn seine Schüler nicht zu ihm in die Schule kamen und von ihm lernen wollten, der sich aber mindestens ebenso große Sorgen machte, wenn sie nicht mehr aus der Schule zu entlaufen vermochten: «... daß ich in der letzten Zeit besorgt war, die Disziplin der Klasse, des Schulplanes und der Zensuren könne, selbst ohne daß sie es merken, die Freiheit der Schüler so beschränken, daß sie sich ganz in unserem schlau ausgeworfenen Ordnungsnetz fangen und die Möglichkeit der freien Wahl und des Protestes ganz einbüßen könnten.»[5] Daher die (gewissermaßen rot-grüne) Doppelinschrift über seiner Schultür:

«Freier Eingang und Freier Ausgang.»

Illichs grundlegendes Ordnungsbild für das Schulwesen, scheint mir, hat sich geändert. Anfangs war es ein radikalliberales, fast anarcholiberales Grundmuster; verständlich angesichts der Schulgeschichte, die aus dem bürokratischen Absolutismus in die bürokratische Demokratie geführt hat. Inzwischen erscheint ihm aber der Markt auch als Bildungsmarkt anscheinend nicht mehr angezeigt, sondern Schulreform bzw. Schulumwandlung soll aus und mit der Unterhaltswirtschaft kommen. Wie, wird zu fragen sein.

Kurze eigene Bemerkungen und Fragen

Bislang ist Illich an der Schule weitgehend abgeprallt,

- weil er zum einen die Protestanten, auch die historischen Protestanten innerhalb der Schulmauern noch zuwenig aufgenommen hat: Spranger und Tolstoi habe ich stellvertretend genannt.
- weil er zuviel schlimme Beispiele – Nebrija – und zuwenig lockende Beispiele hat zeigen können: Etwa Galileis wunderschönes Physiklehrbuch (Discorsi) mit extra einem Anwalt urbaner wissenschaftlicher Muße.[6] Oder die Glockseeschule (Freire allein reicht nicht).
- weil er einige überzeugende allgemeine Denkfiguren noch nicht hat schulspezifisch konkretisieren können – ich habe die Schulverfas-

sungstypologie oben angeführt, könnte die Begriffe der (Staats-) Schulquote anfügen oder den «Auch-Lehrer» oder Schulgenossenschaft oder Lehrkunst;

- weil schließlich die Schule eine Hydra ist und bekanntlich nicht einmal Theseus sie alleine besiegen konnte: aber danken wir Illich für seine bisherigen tapferen Schwertstreiche gegen die Schulhydra.

Zusammenfassend möchte ich Illich fragen, ob seine Kritik an der sogenannten und falschgenannten Wachstumsgesellschaft und ihrem Schulwesen für den siebten Stock richtig erfaßt ist in der folgenden altchinesischen Erzählung von Mong Tse (300 v. Chr.): «Ein Mann aus Sung war sehr betrübt, daß sein Korn nicht recht wachsen wollte. Er versuchte daher, die Halme selbst in die Höhe zu ziehen. Nach dieser Arbeit kam er ganz erschöpft nach Hause und sagte zu seinen Leuten: ‹Ich bin sehr müde, ich habe meinem Korn geholfen zu wachsen.› Sein Sohn lief hinaus, um sich dies anzusehen, fand aber alle Halme verwelkt. – Es gibt viele Menschen auf der Welt, die den Wunsch haben, dem Korn beim Wachsen zu helfen.»[7]

2. Schulblick (auch) mit Illich:[8]

Vorbemerkung: Die seit mehreren Jahren bei uns in Marburg üblichen Seminare von und mit den wichtigsten Schulbewegungen (statt bloß über sie) sind seit Sommer '84 zu einer Ringveranstaltung Schulvielfalt zusammengeführt, in der die acht heutigen Hauptgestalten der Schule exemplarisch und generell von authentischen Vertretern vorgestellt werden[9]: Die Friedensschule/Münster, eine katholische Gesamtschule als Exempel katholischer Schultradition (Dikow/Alder); Rückkehr einer staatlichen Schule in evangelische kirchliche Trägerschaft am Beispiel des Gymnasium Andreanum/Hildesheim (Potthast); die Herausbildung der staatlichen Norm(al)schule am Beispiel des Gymnasium Philippinum/Marburg (Schmitz/Danneberg); die Landerziehungsheime Birklehof und Urspring – Reformpädagogik in der vierten Generation (Weidauer/Hasenclever); «In vorbereiteter Umgebung die Stimme der Dinge hören» – die Montessorischule/Düsseldorf (Osswald/Wilms); die Waldorfschule und die Integration von Berufsbildung und Allgemeinbildung in der Hiberniaschule/Wanne-Eickel (Kranich/M. Berg); die Laborschule/Bielefeld, alternative Gesamtschule und einzige bundesdeutsche Universitätsschule (Hoffmann); die Glockseeschule/Hannover als staatliche freie Schule im Ausbau zur zehnklassigen einzügigen Gesamtschule (Both/Krammling). Diesen acht Schulgestalten gegenübergestellt wird: Die Schulgenossenschaft, das Beispiel Goldern – eine altbewährte Organisationsform im Neuansatz zur Entstaatlichung von Schulen und zur Entschulung von Unterricht zugunsten lebendiger Bildung? (Lüthi/Hamm/Berg). Außerdem wird Schulvielfalt rechtlich (Vogel/Folz) und ökonomisch (Mattern/Hamm) sowie politisch diskutiert unter der Frage: Ein Marburger Förderprogramm samt Modellversuch Schulvielfalt – wünschbar, denkbar, planbar, machbar? – Mein folgendes Referat eröffnet diese Veranstaltungsreihe.[10]

1. Schulvielfalt in Los Angeles und in Marburg: Zur Lockerung und Einstimmung auf die hierzulande neuartige schulpluralistische Sicht kann v. Hentigs Skizze eines «Magnetschulsystems» helfen: «Ein überzeugendes Beispiel gibt die Stadt Los Angeles. Hier mußten wegen der vom Gesetz geforderten Integration der Rassen täglich Zigtausende von Kindern in der Stadt ‹herumgebust› werden – und die Lehrer auch. Da hat man sich gesagt: Wenn wir das ohnehin tun müssen, dann sollten alle gleich in die Schule gehen, die sie sich wünschen und mit der sie dann wohl auch zufrieden sein werden. Man hat also durch empirische Erhebung bei den Schulen (‹was wäret ihr am liebsten für eine Schule?›) 25 verschiedene Schultypen gebildet und deren Profil durch entsprechende Zuwendungen an Personal und Ausstattung erhöht. Diese Typen hat man in eindrucksvollen kurzen Darstellungen allen Eltern in Los Angeles in die Hand gegeben und sie wählen lassen. Nun gehen die Kinder in die Schule, die sie sich ausgesucht haben: 60 % sind bei der ihnen gewohnten geblieben, die anderen haben gewechselt und betrachten sie seither als ihre Schule. – Die Waldorfschule und das humanistische Gymnasium, die progressive Schule à la Summerhill und die Berufsfachschule sind je in sich stimmige und interessante Einrichtungen, aber sie werden falsch, wenn man sie für alle Kinder der entsprechenden Altersstufe für geeignet hält.»[11]

Im Marburger Raum haben sich bislang inmitten von hundert Staatsschulen neun Privatschulen dauerhaft ansiedeln und die Schullandschaft um charakteristische Schulgestalten anreichern können. Inmitten eines vollausgebauten normalen Schulwesens gibt es hier an Schulen besonderer pädagogischer Prägung immerhin eine katholische Schule, eine Waldorfschule, ein Landerziehungsheim und eine staatliche Gesamtschule; und damit gehört Marburg zu den bundesdeutschen Regionen mit überdurchschnittlicher Schulvielfalt. Die

Übernachfrage bei den glücklicherweise vorhandenen freien Schulen verweist auf einen weit höheren Bedarf der Bürger; aber das für Privatschulen unwirtliche Staatsschulklima der Bundesrepublik mit seinen massiven Staatsschulprivilegien herrscht eben auch – wenngleich abgemildert – in und um Marburg und hat weitere Anreicherungen der Fast-Staatsschulmonokultur seit Jahrzehnten kaum mehr zugelassen. Wesentliche Schulgestalten fehlen daher im Raum Marburg: beispielsweise fehlt eine evangelische Schule ausgerechnet am traditionsreichen Ort des Marburger Religionsgesprächs; ebenfalls fehlen die altbewährten Montessorischulen, die bei drohender Grundschulschließung aus der Not schrumpfender Jahrgänge die Tugend altersgemischten Unterrichts machen können; genauso wäre im Umkreis der Universität (ähnlich wie in Frankfurt und Hannover) eine freie Schule Marburg gemäß Tolstoi-Summerhill-free-school-Glocksee zu erwarten. Außerdem: obwohl Marburg ein Zentrum der bundesdeutschen Genossenschaftswissenschaft ist, fehlt uns eine Schul- und Unterrichtsgenossenschaft, eine zwar sehr seltene, aber wohl auch sehr zukunftsträchtige Schulgestalt. Schließlich böten sich wohl auch hier Ansatzpunkte für eine kleine ländliche Hiberniaschule, auf deren Verbindung von Berufsbildung und Allgemeinbildung («Gesellenbrief und Abitur») schon der OECD-Bildungsbericht von 1973[12] hingewiesen hatte.

2. Ordnungsbild Schulvielfalt: Üblicherweise halten wir ein Schulsystem schon dann für genügend vielfältig ausdifferenziert, wenn überall die bekannten Schularten wie Grundschule, Hauptschule, Realschule, Gymnasium mit ihren Hauptvarianten – und neuerdings auch Gesamtschule – und außerdem die Palette der Berufs- und Sonderschulen in zumutbaren Reichweiten angeboten werden. Für den Schulmorphologen ist dies aber keineswegs eine Vielfalt verschiedenartiger Schulgestalten, sondern ist bloß eine variantenreiche Vielzahl gleichartiger Normalschulgestalten, und ist somit bloß eine ausdifferenzierte Einfalt. Vielzahl bringt noch lange keine Vielfalt: noch so viel Hunde bringen noch lange keine Katze, keinen Marder, keinen Bär. – Die uns allen aus Grundschule, Gymnasium und Berufsschule geläufige Lehrer-Stundenplan-Fächer- usw. -Schule, die staatliche Norm- und Normalschulgestalt ist eben nur eine der acht heutigen Hauptgestalten der Schule, allerdings die seit dem 19. Jahrhundert vorherrschende. Aber daneben gibt es noch ganz andere verschiedenartige Schulgestalten: Landerziehungsheime (seit 1898), Montessorischulen (seit 1910), Waldorfschulen (seit 1919), Gesamtschulen (Neuprägung seit 1968, Sonderprägung Laborschule seit 1974), Glockseeschule (Neuprägung seit 1972, Erstprägung Tolstoi 1862); auch die katholische Schule (seit dem 9. Jahrhundert) und die evangelische Schule (seit dem 16. Jahrhundert) gehören dazu, weil und sofern in ihnen ein anderer Schulgeist weht im allerdings beibehaltenen Normalschulgehäuse. (Sonderschulen bleiben hier außer Ansatz.) Eine Schullandschaft hat erst mit dem Angebot dieser acht grundlegenden und verschiedenartigen Schulgestalten die ganze gegenwärtige Schulvielfalt erreicht («das Oktett ist komplett»). Über diese erste Ausbaustufe einer ganzen, einer kompletten Schulvielfalt hinaus braucht's für die zweite Stufe einer reichen und voll entfalteten Schulvielfalt («Orchester») zusätzlich das Angebot der wichtigsten Varianten und Verbindungen sowie einiger wichtiger Nebengestalten (Petersenschule, Freinetschule) – zusammen etwa 15–20 Schularten. Zur Verdeutlichung dieser morphologischen Bedeutung von Schulvielfalt für die Schulentwicklung mag neben dem Musikvergleich noch der Waldvergleich helfen: Auch bei noch so fleißig gepflanzter Vielzahl von Tannen bleibt der Wald eine Monokultur; zum richtigen Mischwald braucht's neben Tannen und Fichten eben auch Eichen, Buchen, Eschen, Ahorn, Birken. Und weiter: Mischwald heißt nicht Mischgestalt, heißt nicht eine Tanne mit Eichenblättern, Ahornsaft und Bucheckern züchten und dann diese superkluge Kreation einer TannEichAhoBuche allerorten implementieren wollen. Auch lebendige Schulvielfalt ist kaum durch die immer wieder versuchten Retortenmixturen eines pädagogischen Konstruktivismus zu erreichen – beispielsweise kaum durch einen gutgemeinten Erlaß zur Abschaffung von Zensuren und Sitzenbleiben in der Norm(al)schule, weil's doch auch in der Waldorfschule geht –, wohl aber hat die Schulgeschichte einige lebenskräftige Verbindungen aufgezeigt: es gibt viele katholische Montessorischulen, sogar eine katholische Montessori-Gesamtschule: Krefeld; es gibt ein Landerziehungsheim als Gesamtschule: die Odenwaldschule/Bergstraße; es gibt eine Berufsschule als Waldorfschule: die Hiberniaschule/Wanne-Eickel, eine evangelische Glockseeschule ist im Aufbau: die Comeniusschule/Darmstadt; es gibt die Umwandlung eines Normalgymnasiums in ein evangelisches Gymnasium: das Andreanum/Hildesheim.

3. Acht Schulgestalten morphologisch skizziert: Gemäß juristischer Definition ist «Schule ... eine organisierte, auf eine Mindestdauer angelegte Einrichtung, in der unabhängig vom Wechsel der Lehrer und Schüler durch planmäßige, gemeinschaftliche Unterweisung in einer Mehrzahl von Gegenständen bestimmte Lern- und Entwicklungsziele verfolgt werden».[13] Aber wo bleibt in jener Schule die Tafel, auf die man so viele Jahre lang geguckt hat, früher schwarz, jetzt grün? Und wo bleibt die Pausenklingel (jetzt Gong), wo bleiben Lehrerzimmer, Hausaufgaben, Schultasche und all die anderen schulischen Selbstverständlichkeiten? Schule lebt ja im allgemeinen Bewußtsein nicht als jener juristisch abstrakte Umriß, sondern als das massive dutzendteilige Gefüge von Lehrer/Stundenplan/Fächer/Klassenarbeiten/Zensuren/Schulbuch/Jahrgangsklassen/Lehrplan/PausenhofStaatsbeamterDirektorSchulhaus. Denn auch das Bewußtsein wird weitgehend beherrscht von dieser staatlichen Norm(al)-schule, die schulpolitisch seit dem 18./19. Jahrhundert die Vorherrschaft gewonnen hat, ohne doch die vielhundertjährigen Kirchenschulen ganz verdrängen oder beerben zu können und ohne das Aufkommen neuer, bürgernäherer Schulen ganz verhindern zu können. Die staatliche Norm(al)schule, die historisch dritte der bislang acht hauptsächlichen Schulgestalten, ist zwar zahlenmäßig die weitaus stärkste geworden, aber eben doch nicht die einzige: zwischen ihren 30 000 Exemplaren haben immerhin 2000 andere ihren alten Platz behaupten oder ihren neuen Platz erringen können, trotz massiver Staatsschulprivilegien und Privatschulbehinderungen. Aus Rücksicht auf diese Schulminderheiten, von denen manche (fast) ohne Tafel oder Pausenklingel oder Stundenplan oder Zensuren oder Jahrgangsklassen usw. auskommen, hat die juristische Definition zu Recht von der beherrschenden Schulgestalt abstrahiert und bietet somit Raum für Schulvielfalt.

Die Montessorischule beispielsweise hält die geschwisterähnlich-mehraltrige Lerngruppe für viel natürlicher und sozialer als die Jahrgangsklassen und nutzt den Altersunterschied als Aufforderung zum Helfen. Die Fülle des Lernstoffs dem natürlichen Lernhunger appetitlich anzubieten in lernanregenden Unterrichtsmaterialien ist ihr wichtiger als Lehrpläne und Stundenpläne zu erstellen oder zu befolgen. Das Klassenzimmer ist eher eine Unterrichtsweide und der Lehrer eher ein Hirte, da hilft die Tafel nicht viel und Zensuren mit Versetzungsfolgen wären völlig unpassend. – Auch die Glockseeschule kommt ohne den üblichen Stundenplan aus, pflegt statt dessen gemeinsame Arbeitsplanung. Auch Lehrpläne sind ihr erfahrungsgemäß überflüssig, denn wenn man den Lernbedürfnissen freier Kinder freien Lauf läßt, fügen sich die Ergebnisse nachträglich in sinnvolle Pläne. Für ihr freies Unterrichtsangebot ist die Jahrgangsklasse weder im Pro noch im Contra ein Dogma, die Kinder gruppieren sich selbst mit ungefährem Altersschwerpunkt bei sinnvollen Ausnahmen. Und die Direktorialverfassung – hilft uns nicht, stört uns kaum, ist uns unwichtig, wir machen's trotzdem kollegial. – Für die Landerziehungsheime ist das übliche Unterrichtsreglement meist zwar weiterhin in Geltung, aber zur unvermeidlichen Nebensache abgestuft: Land-Erziehungs-Heim, das heißt Land und Natur vor Stadt und Bürokratie, Erziehung vor Unterricht, Heim wie Familie. Im Landerziehungsheim Odenwaldschule wurde dann auch der Unterricht samt Lehrplan, Fächer, Stundenplan wachstümlich, natürlich, genetisch umgemodelt: lassen wir im Astronomieunterricht die Kinder ihren Lehrgang nach dem Werdegang der Menschheit richten vom homerischen Weltbild über Ptolemaios bis Kopernikus und Bessel. Solchem Unterricht genügen keine Schulstunden – sowenig wie der Menschheit, denn nachts leuchten die Sterne, genausowenig Fächer – denn wohin gehört der sternkundige Kardinal, genausowenig ein Jahrgangsklassenlehrplan – denn wie alt war Galilei beim ersten Blick durch das Fernrohr, genausowenig Zensuren – auch keine kirchliche Zensur.

In der Waldorfschule dagegen gibt es Jahrgangsklassen, Klassenlehrer, Zeugnisse, Lehrplan – aber alles völlig umgewandelt. Der Lehrplan beispielsweise ist kein kurzlebiges und unpersönliches Gremien- und Behördenkonstrukt, sondern eine individuelle Komposition von hundert Monatsthemen («Epochen»), enzyklopädisch weit wie Herders Weltgeschichte samt Humboldts Kosmos, zugleich so übersichtlich und handlich verdichtet, daß Schüler und Lehrer ihn kennen und können, und von so robuster Lebenskraft, daß er inzwischen die Weitergabe an die dritte Generation und den fünften Kontinent überstanden hat und immer noch produktiv weiterwirkt. Diese Lehrplanschöpfung nun bestimmt die ganze Organisationsgestalt der Waldorfschulen, ähnlich wie die großen Dramendichtungen die Theaterorganisation, wo bekanntlich auch nicht zensiert wird, sondern rezensiert.

Die Laborschule schließlich, eine Gesamtschule mit den Freiheitsgraden einer Universitätsschule, nimmt die Gesamtschulprinzipien von Integration und Differenzierung besonders ernst: hier gibt es Fächer – aber erst als späte Differenzierungsprodukte aus langjährig integralen Erfahrungsbereichen, es gibt Zensuren – aber langjährig vorbereitet und begleitet von umfassenden Lernberichten, es gibt Lehrer – aber sie sind (oder waren) auch Forscher, es gibt auch Klassenzimmer – aber mit beweglichen Stellwänden und ohne Decke und nur zeitweise und teilweise ausgegliedert aus dem Großraum dieser Schule: Symbol für ihre beweglich gegliederte Offenheit.

Die heutigen Kirchenschulen unterscheiden sich auf den ersten Blick kaum von den staatlichen Norm(al)schulen; historisch sind ja auch viele Staatsschulen säkularisierte Kirchenschulen. Aber auf den zweiten Blick enthüllt sich die innere Umstimmung: Was in den Kirchenschulen relativ blieb, wurde in den Staatsschulen absolut, vorletzte Dinge wurden letztgültig, die Schale blieb mit anderem Kern. Früher läutete die Schulglocke zum Stundengebet, jetzt klingelt es zur Erholungspause; früher lernte man Latein und Griechisch als Kirchen- und Bibelsprache, jetzt zur Schulung des Geistes. Die Gestalter der Kirchenschulen haben weitgehend die gleichen Bauteile in der Hand, aber möglicherweise mit einem (andern) geistigen Band: das Schulprofil will «in evangelischem Geist, in Freiheit und Dienstbereitschaft» verwirklicht werden (Andreanum), es soll um «ganzheitliches Sehen und Denken» gehen (Amöneburg), und «die letzte Studienfahrt in der Oberstufe geht darum auch regelmäßig nach Rom» (Sophie-Barat-Schule).

Mögen noch so viele Unterschiede bestehen zwischen Staatsschulen, Kirchenschulen und «Bürgerschulen»[14], alle acht Schulgestalten bleiben doch Schulen – und alle Schulen hatten noch Anfang des 19. Jahrhunderts (für Niemeyer wie für Herbart) als gemeinsamen Gegenpol den häuslichen Unterricht samt dem (aus den Bildungsromanen bekannten) freien Bildungserwerb. Obwohl erst 1919 die Unterrichtspflicht zur Schulpflicht aufgestockt und verhärtet wurde (jedenfalls in Deutschland, andere Länder blieben bei der liberalen Unterrichtspflicht mit Schulbesuchsrecht), beklagt Willmann[15] schon Ende des 19. Jahrhunderts die Uniformierung des Unterrichts und bedauert, daß das neuere Bildungswesen mit seinem vielverzweigten Kanalsystem bedeutsame Bildungsquellen verschüttet und mit seinen schulischen Heerstraßen individuelle Bildungspfade verbaut habe. Inzwischen haben Sprangers Warnungen vor der «Verschulung Deutschlands» (1928)[16], Beckers Anzeige der «Verwalteten Schule» (1954) und Illichs Aufforderung zur «Entschulung der Gesellschaft» (1971) diesen Gegenpol wieder herausgestellt (geläufig geblieben war bloß das Gegenüber von «stationären» Schulmusiklehrern und «ambulanten» Privatmusiklehrern). Daher soll abschließend allen acht

Schulgestalten gemeinsam als möglicher künftiger Herausforderer die auf den Gedanken der Selbsthilfe in Solidarität und Subsidiarität gegründete Schul- und Unterrichtsgenossenschaft gegenübergestellt werden, weil von ihr ansatzweise der Doppelschritt einer Entstaatlichung der Schule und einer Entschulung des Unterrichts zugunsten lebendiger Bildung erwartet werden mag.

4. Schulvielfalt in freiheitlich-demokratisch-sozialer Grundordnung: «Kunst und Wissenschaft, Forschung und Lehre sind frei ...» Zwar Unterrichtsfreiheit wurde im Zuge der grundgesetzlichen Freiheitsrechte nicht ausdrücklich erklärt (wie in der belgischen Verfassung), auch nicht in der Lehrfreiheit inbegriffen (wie eine Minderheit wollte und will), aber immerhin wurde Schulfreiheit als Recht auf private (= freie) Schulen grundgesetzlich gewährt und inzwischen höchstrichterlich gewährleistet – und damit wurde 1949 das totalitäre Staatsschulmonopol des Nationalsozialismus von 1938 rechtlich wieder gebrochen; ähnlich wie in den Artikeln zur Religionsfreiheit und Parteifreiheit der totalitäre Zug zur Staatskirche und Staatspartei rechtlich wieder gebrochen wurde. – Faktisch ungebrochen blieb allerdings die zweihundertjährige deutsche Staatsschuldominanz, angebahnt seit der Verstaatlichung der kirchlichen, kommunalen und privaten Schulen durch den aufgeklärten Absolutismus. Die Staatsschulquoten in der BRD und DDR sind mit 95% und 100% in verdächtig ähnlichem Rückstand gegenüber dem europäischen Spitzenreiter Holland mit nur 30% Staatsschulquote. Neugründungen freier Schulen blieben auch nach 1949 schwierig und selten; Freilassungen zwangsweise verstaatlichter Schulen beschränkten sich auf die Rückgabe faschistisch besetzter Schulen (Odenwaldschule, Schulpforta) im Zuge der Entnazifizierung, und bislang kam nur in einem einzigen Fall eine Schule nach zweihundertjähriger Staatsschulzeit wieder frei (Andreanum/Hildesheim).

Auch erziehungswissenschaftlich blieb es bei der eingefleischten Staatsschuldominanz. Selbst die Bildungsreform der siebziger Jahre (Bildungsrat: Strukturplan 1970; Gesamtschulen seit 1968) gravitierte entgegen ihrem öffentlichen und wissenschaftlichen Ansatz zur staatlichen Staatsschulform. Der langwierige Unabhängigkeitskampf der Schulen und Erziehungswissenschaftler gegen den Staat, wie ihn die evangelischen Kirchen und Theologen seit Schleiermacher gegen das staatskirchliche cujus regio ejus religio (inclusive schola) geführt haben, scheint bei uns kaum aufgenommen: noch gilt cujus regio ejus schola. Erst ganz allmählich wird die höchstrichterliche Überdehnung der grundgesetzlichen Staatsaufsicht zur Staatshoheit über die Schule entdeckt.

Daß Schulen samt Lehrplänen, Stundentafeln, Lehrerbildung etc. vom Staat selbst veranstaltet und nicht bloß (gemäß dem Wortlaut) beaufsichtigt werden, scheint in der heutigen Staatsschulära genauso selbstverständlich, wie in jener Staatskirchenära der Erlaß der Gottesdienstordnung und die Einsetzung sowie Absetzung von Pfarrern durch den Fürstbischof, genauso selbstverständlich wie in jenen Staatsparteisystemen die Festsetzung von Ernteterminen, Löhnen, Nachrichten und Theaterspielplänen durch irgendwelche ZK-Unterorganisationen. Kein Theologe oder Politologe ließe sich heutzutage bei uns auf das Studium einer irgendwann und irgendwie aufgeherrschten und durchgesetzten Staatskirche oder Staatspartei beschränken; aber die meisten Lehrer kommen aus Staatsschulen, studieren bei Staatsschulprofessoren, gehen wieder in Staatsschulen und haben sich irgendwann in eine der grundverschiedenen historischen Schul«konfessionen» und Schul«parteien» einstudiert, geschweige eingelebt; und blind für die finanziellen, rechtlichen und organisatorischen Staatsschulprivilegien bescheiden sie sich, Privatschulen elitär und plutokratisch zu finden, statt das bislang nur liberale Grundrecht auf freie Schulen zum liberalen und sozialen Grundrecht auf freie Schulen auszubauen. Akademisches Lehrerstudium fordert aber eine phantasievolle, mutige, unabhängige und umsichtige Überprüfung traditioneller Selbstverständlichkeiten: heute gibt es wie selbstverständlich eine Schulmonokultur mit Staatsschulen als Regelschulen und freien Schulen als Ersatzschulen – aber eigentlich paßt zum Selbstverständnis einer freiheitlichen Demokratie doch wohl eher die umgekehrte Schulverfassung: Schulvielfalt dank freier Schulen als Regelschulen und Staatsschulen als Ersatzschulen.

III
Genus – Beiträge zu einem kulturgeschichtlichen Disput

Jean Robert

Der Verlust der Erläuterungssprache in der Physik von 1840 bis 1900

In der zweiten Hälfte des 19. Jahrhunderts bahnte sich der Umbruch der modernen Physik an, und bereits damals erlitt die Physik den Verlust der Allgemeinverständlichkeit ihrer Sprache. Dieser Bruch tritt also nicht erst mit dem Übergang von der klassischen zur Quantenphysik ein, wie man üblicherweise annimmt (z. B. P. Mittelstaedt, 1981).[1] Die zentrale These, daß die Physik ihre «Erläuterungssprache» bereits im 19. Jahrhundert preisgab, soll am Beispiel des Energiebegriffs untersucht werden.

Diese Untersuchung bezieht sich in zwei Weisen auf das, was Illich (1982) unter dem Stichwort *‹Genus›* bearbeitet hat.[2]

Zum einen wird unsere Untersuchung die dort entwickelte historische Untersuchungsmethode zur Grundlage nehmen. Illich zeigt in *‹Genus›*, daß ein Bruch oder eine Umstülpung im Lebens- und Begriffsgebilde einer früheren Zeit nur dann sichtbar gemacht werden kann, wenn darauf verzichtet wird, Geschichte rückwärts zu schreiben. Dies bedeutet, daß darauf verzichtet werden muß, der heutigen Begriffswelt eine auf alle Zeiten übertragbare Gültigkeit zuzuschreiben. Dies ist besonders schwierig, weil der Anspruch auf Übertragbarkeit der heutigen Begriffswelt sich in deren Anspruch auf richtige Erfassung allzeit gültiger Naturgesetze gründet. Illich hat für seine Untersuchung darauf verzichtet, bei der Deutung der Unterschiede zwischen der Lebenswelt von Männern und Frauen auf biologische Naturgesetze zurückzugreifen. Nur so wurde die frühe historische Umstülpung sichtbar. In der folgenden Untersuchung wird um der Aufdeckung einer frühen Umstülpung der Begriffswelt willen auf die Arbeitshypothese verzichtet, daß es bei der Herstellung der Grundbegriffe der Physik, z. B. des Energiebegriffs, im vorigen Jahrhundert letztlich nur darum ging, die «richtigen» Grundgrößen, nach denen die Natur schon immer funktionierte, herauszufinden. Dies ist auf dem Terrain der Physik vielleicht eine besonders delikate Aufgabe.

Der zweite Bezug zu Illichs *‹Genus›* liegt im Zeitpunkt der Entstehungsgeschichte des Energiebegriffs. Illich beschreibt diese Zeit als die Übergangszeit von der Periode des gebrochenen Genus zum Zeitalter des Sexus. Unter der Periode des gebrochenen Genus versteht er – ich darf rekapitulieren – die Zeit, in der die männliche und weibliche Domäne zunehmend polarisiert wurden und die weibliche Domäne in den Bereich der Wirkungslosigkeit, Stummheit und Trägheit abgedrängt wurde. Das neue Zeitalter des Sexus kennt nach Illichs Analyse nur noch ein Prinzip, das des genuslosen Menschen, dessen Dualität sekundär aus der Biologie abgeleitet wird. Am Schnittpunkt dieses Übergangs liegt aber auch das Ringen der Physiker um ihre Begriffe Masse, Kraft und Energie und bietet sich auch unter diesem Aspekt zur Untersuchung an.

Die Krise der Sinnlichkeit und frühe Rettungsversuche

Seit 1880 bemerken zeitgenössische Physiker eine «Krise der Sinnlichkeit» innerhalb ihrer Wissenschaft. Heinrich Hertz, der Mitbegründer der modernen Elektrodynamik, beklagt sich über «die Unnatürlichkeit, welch in der Verquickung dieses Zweiges der Physik mit außersinnlichen Abstraktionen liegt».[3] Anders als Mittelstaedt, der den Bruch nur feststellen kann[1], wollte Hertz ihn vermeiden und versuchte, die «Verquickung» der sinnlichen und außersinnlichen Ebenen zu verhindern, indem er – für die moderne Physik schwer vorstellbare – Einschränkungen der Grundbegriffe der theoretischen Mechanik vorsah. Fast hundert Jahre später mutet sein Versuch zugleich äußerst modern in der Zielsetzung und doch archaisch in der Durchführung an: Die Wiederherstellung der Bedingungen der Sinnlichkeit in der Physik versuchte er zu erreichen, indem er die Mechanik als *die* Erfahrungswissenschaft wiederherzustellen versuchte. Von seiner Feststellung, daß nicht «jede kleinste Menge (der Energie) zu jeder Zeit an einen bestimmten Ort des Raumes zu knüpfen» sei[4], gelangt er nicht etwa zu einem «Unbestimmtheitsprinzip», was der heutigen Auffassung entsprochen hätte, sondern zu der heute abenteuerlich erscheinenden Forderung, den Begriff der Kraft oder der Energie «als selbständige Grundvorstellung» zu beseitigen.[5] Er behält ihn zwar vorläufig «als mathematische Hilfskonstruktion» bei[6], drückt aber deutlich die Hoffnung aus, daß seine Hypothese, falls sie den Kraft- und den Energiebegriff aus der Mechanik wieder eliminieren könne, sie auch «verhindern könne, daß dieselben überhaupt in die Mechanik eintreten».[7] In der von Hertz so restaurierten Mechanik ist das, «was wir gewohnt sind, als Kraft und als Energie zu bezeichnen...

nichts weiter als eine Wirkung von Masse und Bewegung ...»[8] In dieser Rückkehr zu mechanistischer Orthodoxie sah Hertz das Mittel, die «Verquickung» der Physik mit «Außersinnlichkeit» zu vermeiden.

Hertz starb am 1. Januar 1894 im Alter von 37 Jahren vor der Veröffentlichung seines letzten Werkes. Die Physik schlug einen anderen Weg ein als den in seinen «Prinzipien» bezeichneten. Der Energiebegriff wurde in der Form von «e», einer äußerst abstrakten, «außersinnlichen» Erhaltungsfunktion beibehalten. Und die Physik verlor ihre Erläuterungssprache. Die «Prinzipien» gehören, so würde man heute wohl sagen, der «Papierkorbphysik» an wie das meiste von Mach, dem jungen Planck, dem alten Helmholtz und sogar von Einstein Geschriebene. Die Werke dieser großen Physiker befinden sich zum Beispiel in der Bibliothek des Marburger Physikalischen Institutes entweder auf der Veranda neben Poggendorffs Annalen oder im kleinen viereckigen Nebenzimmer, wo die Drudes-Annalen und anderes von heutigen Physikern nicht mehr Gelesene aufbewahrt wird.

Anstatt mit Mittelstaedt[1], C. F. v. Weizsäcker[9] oder Lüscher[10] über den «Sprachrelativismus» der modernen Physik zu schreiben, möchte ich wie ein Historiker über den Bruch der Sinnlichkeit berichten, den die letzte Physikergeneration des 19. Jahrhunderts erlebt und erlitten hat. In den «Papierkörben» der Physik möchte ich die Spuren der Angst und der Tapferkeit, des Anstandes und des Übermutes der letzten klassischen Physiker suchen.

«Außersinnlichkeit» oder «Anderssinnlichkeit»?

Die Debatte über die Sprache der Physik setzt sich seit hundert Jahren mit Unterbrechungen fort. Gegen 1880 brach ein epistemologischer Brand aus. Mach, der ihn anfangs scheu schürte, schrak bald zurück. Hermann v. Helmholtz, der die hypothetische Geometrie Riemanns als eine Verletzung der Erfahrung ansah, fühlte sich verpflichtet, diesen im Lichte der «Erfahrungswissenschaft» zu korrigieren. Helmholtz schreibt über Riemanns «Grundlagen für eine allgemeine Theorie der Funktionen»[11], daß «Riemanns und meine Untersuchungen zusammen genommen ... in Verbindung mit folgenden zwei Sätzen: ‹daß der Raum drei Dimensionen habe›, (und) ‹daß der Raum unendlich ausgedehnt sei›, die genügende Grundlage zur Entwicklung der Raumlehre abgeben»[12].

Im gleichen Text stellt Helmholtz aber Riemanns «Hypothesen, die der Geometrie zugrunde liegen», die «Tatsachen, die der Geometrie zugrunde liegen» gegenüber. Der 1866 gestorbene Riemann muß sich im Grabe umgedreht haben.

Max Planck[13] denunziert die Brandstifter: den «Energetiker» Ostwald sowie Boltzmann, der die hypothetisch und sprachlich erfundenen Atome mit vorfindbaren Körpern verwechsle. Als er sich nach 1900 selbst unter den Brandstiftern sah, versuchte er vergebens, seine Quantenhypothese zurückzuziehen. Für jeden dieser hervorragenden Physiker war die Geste des epistemologischen Widerstands auch der Sprung, mit dem sie sich selbst in die Papierkörbe der Physik beförderten.

Dem damals jungen deutschen Physiker Franz Boas gelang nach einem halben Jahr Kantlektüre in einem Iglu in Baffinland ein ganz anderer Sprung: Die Eskimos und die «Kritik der praktischen Vernunft» lehrten ihn offenbar, wie er die deutsche Debatte über die Sinnlichkeit der «Erfahrungswissenschaft» fast unverändert auf die Szene der amerikanischen Linguistik und dann der vergleichenden Anthropologie übertragen konnte. Vierzig Jahre vor Benjamin Lee Whorf[14], dem Hopi-Forscher, berichtete Boas über Sprachen, die Raum und Zeit ganz anders strukturieren als indogermanische Sprachen. Bei Boas verwandelt sich die Ehrfurcht der letzten klassischen Physiker gegenüber der drohenden «Außersinnlichkeit» in die Bezauberung des Anthropologen durch die andersartige Sinnlichkeit, die «Anderssinnlichkeit». Allerdings greift die moderne deutsche Debatte über die Sprache der Physik nicht auf den Deutschen Boas, sondern – wenn überhaupt – auf den Amerikaner Whorf zurück. Der Physiker Edgar Lüscher etwa schrieb 1978: «Da Whorf naturwissenschaftlich gebildet war – er studierte chemische Verfahren –, ist seine Feststellung besonders interessant ... daß einige grundlegende Begriffe der Sprachen unserer Zivilisationen wie *Zeit, Geschwindigkeit, Materie* nach seinen Analysen nicht zwingend notwendig sind, um eine in sich übereinstimmende Beschreibung der ‹Welt› zu konstruieren. Die Hopi-Sprache ist auf bestimmte Weise zeitlos im Sinne unserer Physik. Die Zeit hat dort eher die Bedeutung einer ‹Dauer› wie etwa bei ... Henri Bergson. Diese Dauer ist für den Hopi für jeden Betrachter verschieden. Das Problem der Gleichzeitigkeit existiert in der Sprache der Hopi nicht ... Whorf glaubte, daß eine Physik durchaus ohne den Zeitbegriff denkbar ist ... Auch der Kulturkritiker George Steiner verweist darauf – in seinem Buch *‹After Babel›* –, daß der Hopi aktuelle Ereignisse und entfernte Vorkommnisse ‹sehr subtil und so empfindlich für alles Vorläufige› behandle, ‹wie es die Astrophysik und Wellenmechanik ... immer wieder gefordert haben›.»[15]

Galilei, Newton und die klassischen Physiker sprachen, so könnte man versuchsweise sagen, «indogermanisch»; Planck und Einstein gehörten zu den Entdeckern einer neuen Sprache, glaubten aber noch wie Helmholtz, daß sie eine Brücke, eine «Erläuterungssprache», für gewöhnliche Leser schaffen müßten; Bohr, Heisenberg und Jordan verstanden, daß die neue Sprache der Physik einer neuen Art von Sinnlichkeit entsprach, die sich ausschließlich in einer ihr angepaßten Syntax ausdrücken lasse; und die Ethnologie hat nach diesem Interpretationsversuch der Theorie Beistand geleistet, indem er Völker und «Sprachen» beschrieb, deren Syntax (in Whorfs Worten) «dem Weltbild der modernen Naturwissenschaft viel näher steht» als die der geläufigen modernen Sprachen. Diese Interpretation mag amüsant, attraktiv und eigenwillig sein, aber sie ist falsch: Whorf hat die Hopi-«Sprache» nicht weniger *erfunden* als Boltzmann die Atome. Der «Sprachrelativismus» enthält seit Boas[16] schon im Ansatz die Verwechslung zwischen der Unverständlichkeit einer formalen Schriftsprache und der Unverständlichkeit einer uns nicht erreichbaren sinnlichen, unkolonialisierten mündlichen Sprache.

Kehren wir zu den Zeitgenossen des jungen Boas zurück und zur Veranda des Marburger Physikalischen Instituts. Wer sich der Mühe unterzieht, Poggendorffs *‹Annalen der Physik›* zwischen 1842 und 1905 zu lesen, wird Zeuge einer radikalen sprachlichen Umwandlung. In den vierziger Jahren des vorigen Jahrhunderts entdeckt man die unermüdlichen Ermahnungen des großen Gustav Magnus, des Lehrers von Helmholtz: «Physiker, entartet eure Texte nicht durch mathematische Formeln.» Magnus disqualifizierte Helmholtz' Abhandlung über die Erhaltung der «Kraft» (1878) als übermütige Spekulation und half mit, ihr den Zugang zu den Annalen zu sperren. Noch 1870 wurden meistens die mathematischen Entwicklungen in die Umgangssprache übersetzt oder «erläutert». Auch die Dissertation von Franz Boas, 1881 in Kiel erschienen, war noch so allgemeinverständlich, daß Magnus seine Freude daran gehabt hätte. Aber ab 1880 erschienen schon vermehrt Abhandlungen, in denen der Text nur noch eine reine Gebrauchsanweisung für die algebraische Formel darstellt. Ab 1900 kann der Nichtmathematiker den Erläuterungen nur noch selten folgen, und Einstein krönt diese Periode mit einer Reihe kurzer Essays (zwar nicht in den Poggendorffschen, sondern in Drudes Annalen), von denen einer ihn Nobelpreis-verdächtig machte, während ein weiterer als ein axiologischer Staatsstreich gefeiert wurde. Immerhin klingt in diesen bahnbrechenden Texten wieder etwas von der alten Erläuterungssprache der Physik an, zum letztenmal in den Annalen.[17]

Um 1883 werden, zum erstenmal in einer westlichen Schriftsprache, die nicht wie die Mathematik sich darauf beschränkt, rein formal zu sein, Tausende von Seiten mit Formelzeichen gefüllt, die sich nicht mehr auf das gesprochene Wort beziehen. Für den laienhaften Annalenwühler springt nur die typographische Änderung in die Augen, welche eher einer «Ver-japanisierung» der Schrift der Physik als einer «Ver-hopisierung» ihrer Sprache entspricht.

Die Unverständlichkeit der schönen Kan' ji-Schrift löst in mir Ehrfurcht aus. Die Tatsache, daß ich ein paar Wörter dieser Schrift zeichnen kann, ändert nichts daran. Ich kann zum Beispiel folgendes kritzeln:

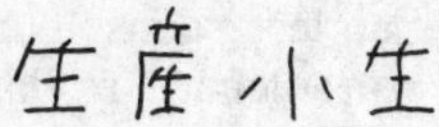

Ich kann es sogar «buchstabieren», das heißt, die Namen der chinesischen Charaktere, die das Ideogramm enthält, lallen: sei san se. «Japanisch» ausgesprochen hieße dieses Wort etwa soviel wie «Produktivität». Der eigentliche Sinn aber bleibt für mich unerreichbar.

In ähnlicher Weise kann ich auch einige Ideogramme der modernen Physikersprache zeichnen, zum Beispiel:

$$E = mc^2$$

Obwohl es zu meiner abendländischen Literatur gehört, fühle ich beim Zeichnen, daß ich dabei nicht ganz anständig bin. Auf irgendeine subtile Weise – ich bin ebensowenig Physiker wie Japaner – habe ich eine Schamgrenze übertreten. Das Zeichen kann ich auch sozusagen «buchstabieren» oder es klingen lassen, indem ich die Namen der Symbole ausspreche: «e gleich emcequadrat.» Was das aber auf deutsch heißt, darf oder möchte oder sogar kann kein vollinitiierter Physiker den Laien erläutern. Viele werden das Wort «Bombe» verstehen, ohne zu wissen, daß eine epistemologische Bombe ein halbes Jahrhundert vor Hiroshima ausgelöst wurde. Andere werden das Wort «Energie» hören, ohne zu wissen, daß sich 1911 die Bedeutung dieses Wortes geändert hat, indem es mit der «Masse» und dem Quadrat der als konstant angesehenen Lichtgeschwindigkeit in eine einfache mathematische Beziehung gesetzt wurde, aus der sich letztendlich (über zwanzig Jahre später) die mögliche Energiefreisetzung bei nuklearen Reaktionen errechnen läßt.

Zurück zur Epoche von Heinrich Hertz, der in seinen erkenntnistheoretischen Arbeiten, in denen er das Wort «außersinnlich» prägt, die Energie «aus den Grundvorstellungen der Physik» eliminieren möchte und sogar behauptet, jede Mechanik würde verborgene zu den sichtbaren Größen «hinzudichten». Anders als Boltzmann bei seinen Atomen, verleiht Hertz dem «Hinzugedichteten» (sein eigenes Wort) einen speziellen epistemologischen Status: «Es steht uns aber noch ein anderer Weg offen. Wir können zugeben, daß ein verborgenes Etwas mitwirke, und doch leugnen, daß dieses Etwas einer besonderen Kategorie angehöre. Es steht uns frei anzunehmen, daß auch das Verborgene nichts anderes sei als wiederum Bewegung und Masse, welche sich von der sichtbaren nicht an sich unterscheidet, sondern nur in Beziehung auf uns und unsere gewöhnlichen Mittel der Wahrnehmung. Wir nehmen also an, daß es möglich sei, den sichtbaren Massen des Weltalls andere, denselben Gesetzen gehorchende Massen hinzuzudichten, von solcher Art, daß dadurch das Ganze Gesetzmäßigkeit und Verständlichkeit gewinnt.»[18] Die Entstehungsgeschichte des Energiebegriffes sieht für Hertz also aus wie die Hinzudichtung von «geheimnisvollen» Eigenschaften zu den Massen und Bewegungen der klassischen Mechanik. Teils aus erkenntnistheoretischen Gründen, teils der Ästhetik wegen, teils der Sinnlichkeit halber bevorzugt er andere Arten der Hinzudichtung als die der schon laut posaunenden «Energetiker» und «Monisten».

Und jetzt war die beabsichtigte Restauration eine Aporie. Aber indem sie den Verlust der aussprechbaren, der umgangssprachlich klingenden Sinnlichkeit der Physik eindeutig mit dem Energiebegriff verknüpft, wirft die letzte theoretische Unternehmung von Hertz ein zwar diagonales, aber starkes Licht auf die Krisen unserer heutigen Zeit. Die bis jetzt verborgene Verbindung zwischen dem, was ich als hundertjährige semantische Sackgasse empfinde, und der heutigen Krise, beginnt vor meinen Augen wie ein diaphanes Filigranwerk über die Debatte zu schimmern.

Zur mechanistischen Orthodoxie

Für Hertz bedrohen gewisse Abstraktionen der Physik die Bedingungen der menschlichen Sinnlichkeit. Anders als Magnus, der (obwohl selbst ein hervorragender Mathematiker) die Physik von allen Formen von mathematischen Abstraktionen freihalten wollte, unterscheidet Hertz zwischen sinnfreundlichen und sinnwidrigen Abstraktionen.

Genau zehn Jahre vor der Veröffentlichung der ‹*Prinzipien der Mechanik*› veröffentlichte Baron Serge S. Podolinski, Physiologieprofessor in Montpellier, seinen Aufsatz über ‹*Menschliche Arbeit und Einheit der Kraft*›[19], in dem er die Frage der Bedingungen des menschlichen Lebens neu stellt. Er unterscheidet zwischen lebensfreundlichen und lebenswidrigen Arbeitsformen, und er möchte das lebenswidrige Arbeiten verhindern; er war ein (allerdings verschmähter) Bewunderer von Karl Marx. Eine Analyse der Parallelität der intellektuellen Verfahren von Hertz und Podolinski wäre verlockend, kann aber im Rahmen dieser Arbeit nicht durchgeführt werden.

Zurück also zur Physik. In der mechanistischen Orthodoxie gehorcht die Möglichkeit einer sinnlichen mechanistischen Beschreibung einer strikten Bedingung: «Wenn wir bei der Erklärung der Phänomene nicht in einen Fehler verfallen wollen, so müssen wir vor allem die scharfe Trennung von Kraft und Stoff fest im Auge behalten. Es sind dies zwei ganz verschiedene Dinge, die niemals ineinander übergehen können», sagt Friedrich Mohr 1868.[20] Diese mechanistische Orthodoxie ruht zwangsläufig auf einer dualistischen Epistemologie. Wird der Dualismus aufgehoben, so verschwinden auch die sprachlichen Bedingungen einer konsistenten mechanistischen Beschreibung der Ereignisse. Danach kann die Physik nicht mehr einfach auf deutsch ausgesprochen werden.

Meine zentrale Vermutung ist nun diese: Die von der Physik ausgehende Aufhebung des epistemologischen Dualismus entspricht dem Verfall der Genus-Dualität und markiert den Eintritt in die Moderne.

Die Geschichte der Physik zwischen 1842 und 1905 ist durch die Aufhebung von Mohrs «scharfer Trennung» geprägt. Aber dies gilt zunächst nur für die theoretische Physik, deren außersinnliche Sprache eine dem gewöhnlichen Leser unzugängliche Überbrückung der klassischen Gegensätze geschaffen hat. «e» oder «e gleich emcequadrat», unaussprechliche «japanische» Formeln sind Ausdrücke dieser Überbrückung.

Die Entstehungsgeschichte des Energiebegriffs sieht aus wie eine langsame, zahnradartige Bestätigung eines erkenntnistheoretischen Monismus. Ich werde meine Darlegung auf drei wichtige Gliederungspunkte begrenzen oder, im Bild gesprochen, werde ich drei bedeutende Kerben des epistemologischen Rades deutlich machen, markiert durch die Werke von Robert Mayer, Rudolf Clausius und

Ernst Mach. Die frühe euphorische Aufnahme der Begriffe in den Journalismus werde ich andeuten.

Vor mir liegt die erste deutsche Abhandlung, in der der Energiebegriff sich deutlich von dem bis dahin geläufigen Kraftbegriff unterscheidet. Es sind die ‹Bemerkungen über die Kräfte der unbelebten Natur›, die Julius Robert Mayer 1842 in Liebigs ‹*Annalen der Chemie und Pharmacie*› veröffentlichte. Der achtseitige Artikel beginnt mit einer Bejahung des dualistischen Credos, in einem postromantischen Stil, der näher bei Leibniz als bei Schelling liegt: «Zwei Abtheilungen von Ursachen finden sich in der Natur vor, zwischen denen erfahrungsmässig keine Übergänge stattfinden. Die eine Abtheilung bilden die Ursachen, denen die Eigenschaften der Ponderabilität und Impenetrabilität zukommt: Materien; die andre die Ursachen, denen letztere Eigenschaften fehlen: Kräfte ....»[21]

Dies enthält nichts, was Mohr hätte schockieren können. Aber dann kommt die Diskrepanz. Mayer – wie Helmholtz ein Arzt – kennt Lagrange nicht und hat nur eine vage mathematische Vorstellung von der Erhaltung der vis viva. Es sieht auch nicht so aus, als ob er die um 1835 geschriebenen französischen Abhandlungen über die Erhaltung des «Wärmestoffes» gründlich gelesen habe. Leibniz' Erklärung der prinzipiellen Erhaltung der Bewegung trotz deren beobachteter Erschöpfung durch die Materie kennt er sicher nicht. Die Fallen des Weges nicht kennend, geht er tapfer vorwärts, wo jeder erfahrene Physiker gezögert hätte. Vor ihm existieren sozusagen separate Erhaltungsgesetze für die Bewegung (oder für die Kraft) und für den «Wärmestoff». Indem er Bewegung und Wärme kühn zusammenführte, gewann Mayer das Wärmeäquivalent der Arbeit. Aus der Sicht der damaligen Physiker war dieser Begriff eine Verletzung nicht nur der Erhaltungssätze in beiden separaten Domänen, sondern eines metaphysischen Prinzips der *conservatio*. Die Bewegung, so sieht es bei Mayer aus, «erschöpft» sich, gerade wie bei den vor-Newtonschen scholastischen Mechanikern, die eine «vis motrix» auch für unbeschleunigte Bewegungen postulierten. Pfaff, der gutmütige, gestandene Physiker, nimmt sich die Mühe, dem jungen Mayer seinen Irrtum zu erklären. Die Erschöpflichkeit, die Mayer in den Kraftbegriff einführt, sei mit der conservatio unversöhnlich: «Wenn es vollkommen wahr ist, daß in der Natur keine Bewegung vernichtet werden kann ..., so gehört zu den Charakteren einer ... wahren physischen Kraft noch das Merkmal der Unerschöpflichkeit.» Als Beispiel einer unerschöpflichen, also wahren physischen Kraft nennt Pfaff die

Schwerkraft, «welche die thätigste und am weitesten verbreitete Naturkraft ... ist, gleichsam die Weltseele, welche das Leben der großen Massen, von deren Bewegung die Ordnung des Alls abhängt, unzerstörbar und unerschöpflich unterhält, ohne daß sie von außen irgendeiner Nahrung bedarf, die ihre Thätigkeit immer wieder anfacht.»[22] In einem Brief an Mayer fügt Pfaff hinzu: «Die Schwerkraft der Erde nimmt durch das Fallen so vieler Steine nicht ab.» Friedrich Mohr, ein anderer freundlicher Ermahner, versucht Mayer zu erklären, daß der Luftdruck, eine andere «wahre physische Kraft», durch die Wirkung so vieler Barometer nicht erniedrigt werde. Die Antwort Mayers, des Apothekersohnes aus Heilbronn, verabschiedet sich endgültig von der unerschöpflichen «Weltseele» zugunsten einer anderen Mentalität: «Den unproduktiven Druck haben wir umsonst, die Kraft aber, oder das sogenannte Kilogrammeter kostet immer Geld. In noch höherem Grad womöglich als für die Physik, ist für die Physiologie, welche bekanntlich in der Wärmelehre ihre wissenschaftliche Grundlage erst gefunden hat, das Kilogrammeter ein notwendiges Bedürfnis.»[23]

Obschon sich Mayer das Wort Energie selbst spät aneignete, koexistieren in seinem Begriff der «Kraft» die für das Verständnis der damaligen Physik entgegengesetzten Eigenschaften der Erhaltung und der «Erschöpflichkeit» oder Dissipation. Es ist eben diese Koexistenz, die für die Physiker der früheren Generation, für Mohr und Pfaff, für Magnus und Seyffer, aber auch für Poggendorff unannehmbar ist, in Seyffers Worten nichts als «ein unwissenschaftliches, allen klaren Ansichten widersprechendes Paradoxon»[24].

Indem er die Erhaltung mit der Erschöpflichkeit in einen Begriff koppelte, machte Mayer die Kraft wirtschaftsfähig: von jetzt an wird der Physiker von etwas reden, das, obwohl theoretisch in unbegrenzten Mengen erhältlich, dennoch dem ehernen Gesetz der Knappheit unterworfen wird. Es wird eines Clausius bedürfen, um aus dieser «alle klaren Ansichten widersprechenden» Koexistenz der Gegensätze die Gliederung der zwei Hauptsätze der Wärmelehre zu gestalten.

Mohr wirft der modernen Wärmelehre das «Verausgabtwerden» der Ursachen vor und führt es darauf zurück, daß Mayer die *Wirkung* als Erscheinung nicht mehr von der *Ursache* als Kraft unterscheidet.[25] Es entsteht zwischen den Alten und den Modernen in den Annalen der Physik eine interessante Polemik, die die Tragweite der neuen Wärmelehre aber nur vergrößert.

1852 schlägt Rankine vor, den neuen Kraftbegriff *Energie* zu nennen. Er hat zunächst keinen Erfolg, wird aber ein Jahr später von William Thomson, dem zukünftigen Lord Kelvin, unterstützt. Am Ende der fünfziger Jahre des vorigen Jahrhunderts, so berichtet Max Planck 1887, ist der Energiebegriff an allen Universitäten Europas hoffähig gemacht.[26] Er täuscht sich indessen, wenn er Frankreich einbezieht: bis tief in die sechziger Jahre warnten erhabene französische Physiker vor dieser sinnwidrigen deutschen Ideologie.

Mohrs «scharfe Trennung» wird wiederholt aufgehoben und wiederhergestellt, z. B. von Mayer, der die Bewegung sich in einen (Wärme-)Stoff «metamorphosieren» läßt, und dann von Clausius, der die Wärme als Bewegung umdefiniert. Jedesmal versetzt sich das epistemologische Rad um eine Kerbe in Richtung Monismus. Ich schlage vor, daß wir uns den klassischen erkenntnistheoretischen Dualismus als Papierstreifenring vorstellen. Die Abwesenheit von «Übergängen» zwischen den zwei Seiten der scharfen Trennung kann durch die Unmöglichkeit des kontinuierlichen Überganges von der inneren zur äußeren Seite des Ringes visualisiert werden. Ich zähle Mayer zu den Erfindern des Energiebegriffs, weil er den Ring an einer besonderen Stelle – der Stelle der «falschen» Vorstellung der Wärme als Stoff – aufschnitt und wieder «verkehrt» zusammenklebte. Welche epistemologische Lage entspricht dem so gebauten Möbiusring? Für den, der dem Ring entlanggeht, gibt es kein «Innen» und kein «Außen» mehr. Der Ort der Verdrehung ist aber nicht bestimmbar, und wer die Lage nur lokal sehen kann, sieht den radikalen Unterschied zur früheren «klassischen» Lage nicht.

Wir machen einen Sprung ins Jahr 1883. Boas konzipiert sein Eskimoprojekt. Marx, der seinen Schülern verboten hatte, das Wort Energie anzuwenden, stirbt, und Engels eignet sich den Begriff an. Podolinskis ‹*Menschliche Arbeit und Einheit der Kraft*› war gerade erschienen. Einige Wochen zuvor hatte in der Wiener Rotunde die Dritte Internationale Elektrizitätsausstellung stattgefunden. Niemand könnte das Überspringen des Funkens besser beschreiben als ein damaliger Journalist, der seine erste elektrische Lampe betrachtet und sie in ihrem «herrlichen Smaragdgrün» aufblitzen sieht. «Ein stolzes, überwältigendes Gefühl überkommt uns: Das ist die Energie des Weltalls, die alles durchdringt, es ist das Feuer vom Himmel, das wir uns selbst errungen. Es umgibt uns, der ganze Raum in der Rotunde ist gefüllt von einer Kraft, die, entfesselt, alles in grauenhafter Weise zermalmen würde. Aber sie ist gebändigt, und sie wird immer mehr in unseren Dienst gezwungen werden, bis der Fluch von uns genommen ist: die überharte Arbeit, bis sie das Brod, das wir im Schweiße unseres Angesichts essen sollen, für uns verdient.»[27] Derselbe Mann betrachtet dann zum erstenmal einen elektrischen Motor: «Das ist bewegende Kraft in ihrer höchsten Potenz! Unser Auge kann solche Schnelligkeit nicht mehr erfassen. Der Ring dieser Dynamomaschine scheint ruhig zu stehen, aber die Rotation ist so gewaltig, daß sich eine Art Nebelglorie darüber bildet.»[27]

In dieser Zeit der Verherrlichung von Physik und Technik ist auch die Auseinandersetzung mit der Wahrnehmung und sinnlichen Wahrnehmbarkeit der physikalischen Wirklichkeit besonders intensiv. Das bringt uns zu Ernst Mach. Er untersuchte in Prag die Psychophysik des Drehschwindels. Drei unabhängig voneinander drehende Rahmen – der letzte mit einem um die Vertikale rotierenden Stuhl versehen – ermöglichen seine wissenschaftliche Untersuchung. Bei den meisten Versuchen wird die Maschine beschleunigt und plötzlich angehalten. Ein solcher «Beschleuniger» kostete im Gegensatz zu einem modernen Materieteilchenbeschleuniger nur so viel, «daß die Kosten aller Versuche und Apparate (in einfacher Ausführung) 100 Thaler nicht überstiegen haben»[28]. Mach setzte sich nicht nur physisch dem Schwindel aus: «Merkwürdig ist beim raschen Anhalten des Apparates noch das Gefühl, als ob die Gegendrehung mit einem gewissen Widerstande ausgeführt würde. Man meint sich namentlich im Kopf wie in einem zähen Brei zu bewegen.»[29] Er widmete sich alsbald auch dem erkenntnistheoretischen Schwindelgefühl, indem er, als erster Physiker, die Einheit der Oberfläche des gedachten Möbiusbandes akzeptierte. Er bestritt den wissenschaftlichen Wert anschaulich-sinnlicher Vorstellungen von der physikalischen Wirklichkeit: «Wenn wir die Entdeckung anstaunen, daß Wärme Bewegung ist, so staunen wir etwas an, was nie entdeckt worden ist. Es ist vollständig gleichgültig und hat nicht den geringsten wissenschaftlichen Werth, ob wir uns die Wärme als einen Stoff denken oder nicht.» Oder: «Meine Versuche, die Spectra der chemischen Elemente mechanisch zu erklären und die Nichtübereinstimmung der Theorie mit der Erfahrung bestärken mich in der Ansicht, daß man sich die chemischen Elemente nicht in einem Raum von drei Dimensionen vorstellen müsse.»[30]

Für Lenin war dieser Sinnlichkeitsverzicht schamlose Begriffsschänderei, und er nannte Mach deswegen einen konfusionistischen Klassenfeind.[31]

Mach, der tapfere Pfadfinder in nichteuklidianischen Sphären, stößt aber bald auf die Schamgrenzen eines anständigen Physikprofessors.

Denn auch in der Physik waren solche Ausflüge so kontrovers, daß Mach es nicht wagte, sie vor den orthodoxen Physikern unumwunden zuzugeben. Und er selbst bekommt mit den Jahren Zweifel und betont die Wirklichkeit der Dreidimensionalität: «Wir haben nie gehört, daß eine Hebamme eine Geburt durch die vierte Dimension vollziehen konnte», schreibt er in *‹Die Mechanik und ihre Entwicklung historisch-kritisch dargestellt›*.

Auch Hertz empfand Angst in seinem Herzen: «Jetzt, wo er an den Druck geht, habe ich übrigens das Gefühl: ‹Gott bewahr das Haus.› Das Buch ist sehr geeignet, meinen im ganzen guten Ruf zu verderben, ‹wenn der Guß mißlang›. Ein kleiner Fehler kann schon das Ganze mißklingend machen. Und es ist doch ein etwas bangliches Gefühl, mit einer Sache herauszutreten, die man niemals mit keinem Menschen besprochen oder beraten hat.»[32] Dies schrieb er in sein Tagebuch, nach der Ablieferung der *‹Prinzipien der Mechanik›*, vierzig Tage vor seinem Tod. Für die Schiedsrichter der wissenschaftlichen Wetten mißlang der Guß, und die *‹Prinzipien›* gehörten nie dem Korpus der legitimen Physik an. Vollends kompromittiert wurden sie durch Hertz' Schüler, die sich in die «deutsche» Physik einreihten. Meines Wissens hat bis jetzt nur Henri Poincaré versucht, sie vor der Vergessenheit oder Verdrängung zu bewahren, aber auch er ohne Erfolg.

Die mechanistische Philosophie, nach der ein schlagender Hammer ein Hammer bleibt und ein galoppierendes Pferd ein Pferd, beruht selbstverständlich auf einer scharfen Unterscheidung von zwei «Abteilungen von Sachen», zwischen denen keine Übergänge stattfinden. Die Geschichte der Physik seit 1842 zeigt jedoch, daß man vor der Alternative steht, entweder

– mittels Mohrs «scharfer Trennung» eine konsistente Erfahrungswissenschaft, die deutsch klingt, zu schreiben

oder

– ohne die «scharfe Trennung» auszukommen und eine abstrakte Begründungslehre ideographisch zu gestalten.

Wir können jetzt zwischen der schönen Erläuterungssprache von Helmholtz und seinen Zeitgenossen und der Populärwissenschaft heutiger Prägung unterscheiden: in der ersten herrscht eine erkenntnistheoretische Übereinstimmung zwischen der Laborphysik und den «populären Reden», während die zweite damit zu kämpfen hat, daß die Physik die Aufhebung der «scharfen Trennung» mit dem Verlust der Sinnlichkeit erkauft hat und damit der umgangssprachlichen Darstellung eigentlich unzugänglich geworden ist. So steht der populärwissenschaftliche Autor vor der Alternative, entweder die «scharfe Trennung» opportunistisch wiederherzustellen oder dem deutschen Leser etwas Formelhaft-Unsprachliches, etwas «Japanisches», vorzusetzen.

Hertz nahm wie niemand vor ihm und wie keiner nach ihm den Drang zur Außersinnlichkeit wahr, der die Physik seiner Zeit prägte. Um die Bedingungen einer sinnlichen Wissenschaft zu restaurieren, griff er zu der «scharfen Trennung» Mohrs.

Wir wollen uns abschließend noch skizzenhaft auf das Abenteuer einlassen, die Parallelität zwischen dieser «scharfen Trennung» und der Illichschen Genus-Diskussion anzudeuten. Hier kommt uns Brian Easlea, der moderne Wissenschaftshistoriker, zu Hilfe. Er entdeckt die Geschlechter – Analogie in der Physik des großen englischen Physikers Robert Hooke, dessen «Discourse on the Nature of Commets» er so kommentiert: «Im 17. Jahrhundert proklamierten die mechanischen Philosophen, daß Materie in sich träge und passiv ist, also alle idealtypische Eigenschaften der Frau besitzt. Robert Hooke zufolge sind Materie und Bewegung wie weibliche und männliche Natur, wobei die Materie das weibliche oder Mutterprinzip ist. Hooke erklärt, ‹daß bei Aristoteles und anderen Philosophen Materie materielle Substanz oder Mutter genannt wird. Diese ist in sich selbst ohne Leben und leer und dunkel, eine Macht, die solange vollkommen inaktiv ist, bis sie von einem zweiten Prinzip, sozusagen imprägniert, geschwängert wird; dieses erkannten Aristoteles und andere Philosophen richtig als Bewegung, die den Vater vertritt und Paternus, Spiritus, oder hylarchischer Geist genannt werden kann›.»[33]

In dieser Zeit, erinnert uns Easlea, wurde ein neues Bild der Frau gestaltet: nicht allein passiv, sondern auch leidenschaftslos. Jetzt erschöpfte die Frau die männliche Potenz nicht mehr, wie Mitglieder der gerade als «Insel der Männlichkeit» gegründeten Royal Society wiederholt betonten. Genau in dieser Zeit hörte für den Mechaniker die Materie auf, die Bewegung zu *erschöpfen*. Dank der Gegenübersetzung eines Prinzips der absoluten Trägheit und eines zweiten, der reinen Aktion oder Bewegung, konnte, trotz der beobachteten Reibung, die «Erhaltung der Bewegung» in quantifizierbarer Fassung formuliert werden.

Anneliese Maier, die große Historikerin der mittelalterlichen Mechaniker, dreißig Jahre vor Easlea, scheint ihm zunächst zu widersprechen, wenn sie meint, daß die Formulierung des Trägheitsprinzips zur Zeit von Galilei und Descartes nichts mit irgendwelchen weltanschaulichen Wandlungen zu tun habe. Ich glaube allerdings, daß ihre sorgfältige Beschreibung der langen Degenerierung des Bewegungsbegriffes und die Formulierung der Idee der Trägheit und des entsprechenden Prinzips eng mit der von Anneliese Maier selbst konstatierten im «klassischen Jahrhundert» erfolgenden grundsätzlich-metaphysischen Umstellung verbunden ist.[34]

Illich beschreibt das Brechen des vernakulären *Genus,* der in jedem Tal ein einzigartiges kulturelles Motiv zeichnete, als «die Form der Polarisierung allgemein menschlicher Merkmale, die, beginnend mit dem späten 18. Jahrhundert, allen menschlichen Lebewesen zugeschrieben werden»[35].

Hooke wäre hiernach ein Vertreter der Generation, in der sich die Brechung und Polarisierung des Genus abzeichnet. Robert Mayer wäre ein Pionier für das Zusammenfließen der beiden Pole und zugleich ein Pionier der modernen ökonomischen Knappheits-Ideologie. Hertz hätte dann in instinktiver Empfindung des damit verbundenen Verlusts und vielleicht in instinktiver Sorge vor der Machtentfaltung einer die «scharfe Trennung» überwindenden und dann zügellosen Naturbeherrschung die Flucht in die Restauration angetreten. Für die moderne Physik dagegen wäre die Unterscheidung zwischen Materie und Bewegung genauso sekundär wie in einer Unisex-Gesellschaft die Unterscheidung durch männliche und weibliche Geschlechtsmerkmale. Dieser letzte Schritt geht in der Physik auch mit dem Verlust ihrer Erläuterungssprache einher und rückt die Vorstellung von Knappheit ins Zentrum. Mit diesen Parallelen zur Genus-Diskussion will ich nicht die Geistesgeschichte der Physik mit der der Ökonomie und der des Sexismus automatisch gleichsetzen; die Formanalogien sollten jedoch zur Weiterarbeit anregen.

Die deutsche Fassung wurde von Christine von Weizsäcker besorgt.

Ludolf Kuchenbuch

Bäuerliches Genus im Frühmittelalter?

Aller Diskussion um Ivan Illichs Buch ‹*Genus*› zum Trotz tue ich einfach so, als sei dessen Basisaussage wissenschaftlich etabliert, als sei ‹*Genus*› eine analytische These, die als für Forschungszwecke dienlich gilt.

Ich habe eine bestimmte Forschungsabsicht: mich interessiert die Eigentümlichkeit des ländlichen Lebens im Frankenreich des neunten Jahrhunderts. Ich bin nun – vielleicht gerade deshalb, weil meine Beschäftigung mit dem Thema weit zurückreicht – beim Nachdenken darüber, wie der Schriftsinn der wenigen überlieferten Quellen und die Begriffssysteme meiner Fachwissenschaft und ihrer theoretischen Hilfswissenschaften zueinander stehen sollten, in Unsicherheit geraten. Einerseits ist mir immer klarer geworden, ein wie großes Hindernis die kirchlich und grundherrlich geprägte Schriftlichkeit der Überlieferung für das nähere Fassen und tiefere Ergründen der von Mündlichkeit geprägten Welt der Bauern darstellt. Kann das Antlitz jener sprachlosen Toten durch die Masken von zum Teil unbeholfenem Norm-, Verfügungs-, Kontroll- und Straf-Schrifttum überhaupt durchscheinen? Zum anderen steht die Tragweite und Wirkungsweise der Leitbegriffe in Frage, die ich – und mit mir andere Kollegen – für die stoffliche Ordnung der Quellendetails und für eine überzeugende Darstellung genutzt habe: Produktion, Konsumtion, (geschlechtsspezifische) Arbeitsteilung, Rolle, Familie, Mentalität, Magie, Synkretismus usf. Alle diese Termini entstammen samt und sonders der Moderne – meist dem späten 18. und 19. Jahrhundert – und sollen, wohl bestimmt vom Erkenntnisideal der exakten neuzeitlichen Naturwissenschaften, für Widerspruchsfreiheit, Eindeutigkeit, Kausalität und Finalität der Forschungsergebnisse bürgen. Ich sitze, grob zusammengefaßt, in der ‹Klemme› zwischen zwei je eigentümlich unzureichenden Sprachen: der Latinität der Quellen und der Modernität der Begriffe.

Will man in solcher Lage nicht wie Hofmannsthals Lord Chandos verstummen, dann braucht man Hilfe von der einen oder anderen Seite. Die Überlieferung aus dem neunten Jahrhundert – sieht man einmal von der Hoffnung ab, daß doch noch flächendeckende Grabungen von dörflichen Arealen möglich werden, die nicht durch Überbauungen oder andere Störungen getrübt sind – wird sachlich Neues nur sehr bedingt bieten können: hier wird es wohl allein auf genauere Erschließung durch die hochspezialisierte Detailforschung ankommen – das braucht viel Zeit. Schnellere Hilfe kann sicher über konzeptuelle Angebote kommen. Ich frage also: Welche Theorie hilft mir weiter?

Jetzt kann ich mich fragen, ob Illichs *‹Genus›* ein Konzept darstellt, das mir in dieser Situation helfen kann. Beim ersten Blick auf dieses Konzept wird klar, daß es hier um eine grundsätzliche Kritik der Sichtweisen heutiger Sozialwissenschaften auf alle vergangenen bzw. (noch) nicht industrialisierten Gesellschaften geht. Der theoretische Bezug ist also allgemein genug, um auch für meine Forschungsabsicht bedeutsam zu sein. Aber ist er umgekehrt nicht zu allgemein, um meine konkreten Interpretationsprobleme lösen zu helfen?

Um in einer solchen Situation weiterzukommen, bin ich es gewöhnt, der Nutzung von Konzepten für meine Forschung eine Prüfung ihrer Bildungsweise vorauszuschicken. Erst dann ist ein Urteil darüber möglich, wie nahe das Konzept meiner Sache steht. Ich frage: Woher nimmt Illich das Anschauungs- und Faktenmaterial, aus dem er seine verallgemeinernden Schlüsse zieht? Eine Durchsicht der Kapitel III bis VII des Buches, in denen er den Begriffsbau von *‹Genus›* errichtet, zeigt schnell, wie breit die ‹Beispiele› ausgewählt sind. Beliebig bestehende oder vergangene Kulturen aus allen Regionen der Erde kommen dann in den Blick, wenn Wissenschaften modern-europäischen Zuschnitts so ermittelt, berichtet und dargestellt haben, daß Genuskonturen oder Genuselemente direkt oder indirekt ersichtlich sind: Japan (Sprache), Kabylen (Raum), Malaysia (Handel), Guyaki (Werkzeug), Mashrik, Bemba (Wirklichkeit der Kinder), Bakweri (Weltbild). Diese Reihe ließe sich fortsetzen. Natürlich haben auch Einzelheiten aus dem europäischen Kulturkreis ihren Platz im Reigen der Belege. Sie beziehen sich auf genus-spezifische Leiblichkeit, Sprache, Verwandtschaft, Ehre, Arbeit und Rente, und sie reichen von der Antike bis ins neunzehnte Jahrhundert. Soweit die raumzeitliche Verteilung des sachlichen Materials allein für die *systematische* Begriffs*bildung*.

Einen wesentlich größeren Anteil hat die europäische Kulturgeschichte an dem Stoff, mit dem Illich die *historische* Begriffs*entwicklung* zeichnet. Dies deshalb, weil er ‹Genus durch die Zeit hindurch› (Kapitel VI) vor allem als für Europa typischen Weg vom Genus zum

Sexus, von der mittelalterlichen Geschlechtsverbindlichkeit zur modernen Geschlechtsneutralität verfolgt. Dies geschieht, damit man eine Verbindung zwischen dem ‹ursprünglich› europäischen Weg des Genus-‹Schwunds› zu den nachfolgenden Straßen der globalen Genus-‹Zerstörung› herstellen kann.

Zur Bildungsweise und Aufgabe des Begriffs Genus kann ich nun zusammenfassend sagen: Er ist aus einer Auswahl aus dem wissenschaftlich verfügbaren Material der Weltkulturen gebildet. Jede der herangezogenen Kulturen trägt gewissermaßen einen, wenn nicht gar ‹ihren› Teil zur Begriffsbildung bei. Daraus ergibt sich zugleich seine sachliche Reichweite: Er ist auf so hohem Abstraktionsniveau gebildet, daß er für jede Kultur ‹Realitätsgeltung› beansprucht – bis auf eine Ausnahme: die sexus-bestimmten Industriegesellschaften egal welcher politischen Form. Insofern ist Genus ein Kontrast-Begriff, der unter bestimmten Gesichtspunkten multiversale und partikulare Geschichtsformen und -wege humaner Kulturen einer Universalgeschichte der Menschheit gegenüberstellt. Abgesehen von seiner zivilisationskritischen Frontstellung: Genus empfiehlt sich also als Grundkategorie kulturwissenschaftlicher Arbeit mit den Hauptanwendungsbereichen der Anthropologie und aller Geschichtswissenschaften.

Der Bezug des Genus-Begriffs zur ländlichen Lebensform des Frankenreiches im neunten Jahrhundert ließe sich nun so ausdrükken: Genus behauptet, im ganzen auch für sie Bedeutung zu haben, obwohl nur sehr wenig von ihr in ihn eingegangen ist.

Welchen Inhalt hat das Genus-Konzept? Ich denke, daß Illich Genus als alle Lebensbereiche ordnende Wirkungsmacht verstanden wissen will. Maßgebliche, wenn nicht sogar alle Dingbindungen, Raum-, Zeit- und Sinnbezüge der Handlungen, des Verhaltens und der Einstellungen in einem Gemeinwesen tragen entweder männliche oder weibliche Signatur, sind damit unverrückbar qualifiziert. Dies bedeutet zugleich, daß beide ‹Hälften› des Gemeinwesens unaustauschbar aufeinander verwiesen sind. Diese generelle Verschränkung grundsätzlich geschiedener Geschlechter nennt Illich ‹Komplementarität›, deren Formen- und Funktionsvielfalt ‹asymmetrisch›. Gleichheit als ‹Vergleichbarkeit› zwischen den Geschlechtern, als Beziehungsnorm und -form ist der logische Gegenpol zur asymmetrischen Komplementarität. Sie darf deshalb auch nicht mit ‹Ungleichheit› in Verbindung gebracht werden. Hieran wird klar, wie radikal Illich versucht, alle terminologischen Systeme zu meiden, die den Erwartungs- und Erfahrungsfeldern des neuzeitlich-europäischen Besitzindividualismus, der Warenzirkulation und des industriell-kapitalistischen Produktivismus zugehören. Die Begriffskonstruktion dient also der Hoffnung, sich von zeitgenössischen Denkmustern distanzieren zu können, die zugleich der Praxis wissenschaftlicher Arbeitsteilung erlegen sind und deren je spezifische Hierarchisierung von Bedeutungsbereichen mitvollziehen.

Der Anspruch, den das Genus-Konzept sachlich, methodisch und kulturpolitisch stellt, ist also gewiß riesig! Er trifft aber genau die Probleme, die ich eingangs geschildert habe, und versucht, einen Weg aus ihnen heraus zu finden. Läßt er sich nun ‹umsetzen› für ein so begrenztes Forschungsthema wie die bäuerlichen Lebensverhältnisse im frühmittelalterlichen Westeuropa? Und hat der Umgang mit diesem Konzept Konsequenzen für es selbst?

Lassen sich in den Quellen zum ländlichen Leben im neunten Jahrhundert Formen und Bereiche der Trennung und Verwiesenheit von Männern und Frauen voneinander und aufeinander nachweisen? Fügen sie sich zu einer umgreifenden Ordnung oder zu Funktionskreisen, die man als elementare Lebensbedingungen aller ihnen Zugehörigen betrachten muß? Allein eine solche Einschätzung würde ja die Anwendung des Genus-Begriffs rechtfertigen!

Zunächst zum Problem der *Trennung* der Geschlechter. Seit dem achten Jahrhundert ergeht durch Königtum und Geistlichkeit – noch jahrhundertelang wiederholt – die Mahnung, die Leute auf dem Lande sollten sich am Tag, an dem Gott der Herr ruhte, der «opera servilia» enthalten. Diese Kette von Mahnungen ist als ‹Verbot der Sonntagsarbeit› längst als gut erforschtes Thema in die Erfolgsgeschichte der abendländischen Kirche eingegangen. Was damals begann, wirkt noch heute – wenn auch mit weitgehend anderem Sinn.

Die karolingischen Versionen des sonntäglichen ‹Arbeits›-Verbots eignen sich nun gut zum Einstieg ins Problem der frühmittelalterlichen Geschlechtertrennung auf dem Lande. Auch Illich hat dies schon bemerkt. Diese Gebotsvariationen werden aber in der Fachforschung meist zu flach interpretiert: als Rahmenaussage zur ‹geschlechtsspezifischen Arbeitsteilung›. Daß sie aber viel mehr enthalten, gerade im Sinne von Illichs Genus-Konzept, das möchte ich jetzt aufzeigen.

Ich erzähle zunächst einmal, was in jenen Geboten steht. Der König oder dessen Beauftragter, der Bischof oder die Synode befiehlt, daß entsprechend dem, ‹was Gott der Herr als rechtens erkannt hat, sonntags keine Werke («opera») verrichtet werden, an denen das Zeichen der Eingebundenheit in grund- und kopfbezogene Herrschaft haftet› («servus», «servilis»). Diese Werke werden nun aufgezählt, und zwar unterschieden in solche, die Männer («viri»), und solche, die Frauen («feminae») tun.

Die *Männer* sollen am Sonntag unterlassen:
- die Weinstöcke zu pflegen, auf den Feldern zu pflügen, Ernten einzubringen, Gras zu schneiden, Zäune aufzustellen;
- in den Wäldern zu roden und Bäume zu schlagen;
- in Steinbrüchen zu werken;
- Häuser zu errichten;
- im Garten zu werken;
- zum Gerichthalten zusammenzukommen;
- zu Markte zu gehen;
- und endlich: zu jagen.

Erlaubt sind nur drei Arten von Fuhrwerk: das für den Heereszug (der Troßdienst), die Frondienst-Fahrt für den jeweiligen Herrn und die Überführung eines Leichnams zum Grab.

Den *Frauen* werden die «opera textrilia» untersagt, und das heißt:
- Stoffe zu schneiden, zusammenzunähen oder nadelfertig zu machen;
- Wolle zu zupfen bzw. zu spinnen und Flachs zu schlagen;
- außer Haus («in publico») Wäsche zu waschen;
- und Schafe zu scheren.

Eines ist klar: diese Ordnung kann man nur als grobe und selektive Zuschreibung von Tätigkeiten an entweder Männer oder Frauen verstehen. Verboten und *deshalb* zugeschrieben wird nur, was dem eigentlichen Sinn des Sonntags entgegensteht, ihn gewissermaßen entheiligt. Die Aufzählung beschränkt sich also um eines bestimmten Zweckes willen. Er besteht im Gebot des sonntäglichen Kirchenbesuchs. Die Verordnungen schließen mit dem Gebot, zur Feier der Messe von überallher zusammenzukommen und ‹Gott für alles zu preisen, was er uns an diesem Tage zu schenken geruhte›.

Aber: Trotz dieser zweckgebundenen Einseitigkeit – welche für Mensch und Vieh, Haus und Hof unabdinglichen Tagesverrichtungen sind hier nicht alle ausgespart! – läßt sich diese Zuschreibung doch auf mehreren Ebenen interpretieren. Ich beginne mit dem Gebrauch der *Werk-Zeuge*. Mann und Frau benutzen völlig verschiedene Geräte:
- Die *Frau* hantiert mit Nadel und Schere, mit Spindel, mit Flachsbreche, -schlegel und -hechel, mit Waschtrog und -schlegel.

- Der *Mann* führt Hacke, Spaten und Pflug, Sichel und Sense, Axt, Hammer und Säge, Spieß und Schlinge. Dazu kommt der Wagen, damals wohl meist eine einachsige Karre. Viel wichtiger noch: der Umgang mit Pflug und Karre setzt zugleich den mit dem Zugvieh (Ochsen), die Jagd wohl den mit dem Hund.

Diese geschlechts-‹normierte› Verbindung mit toten und lebenden Werkzeugen kann nicht verständlich werden ohne die ihr entsprechenden *Werk-Stoffe.* Auf was wirken Mann und Frau je getrennt ein? Dies geordnet zu benennen, fällt mir schon schwerer:

- Der *Mann* entringt dem Grund bzw. Boden roh-leblose Anteile (Stein), ebenso der ihm ‹wild› entwachsenden Flora (Bäume, Gras) und Fauna (Wild). Er richtet die Wachstumsbedingungen von Bodenanteilen für bestimmte Pflanzen zu und fördert deren Wachstums- und Reifeprozeß (Wein, Getreide, Gemüse und Obst): dies alles entsprechend eingelebter Gebrauchs- und Verbrauchserwartungen.
- Die *Frau* dagegen wirkt auf ganz andere Dinge ein: sie trennt vom Tier (Wolle), nicht vom Boden. Sie wandelt vom Boden getrennte Stoffe (Wolle, Flachs) in leibgerechte Gewebe und macht sie immer wieder gebrauchsfertig.

In der Verbindung jener mann- und frau-eigenen Werk-Zeuge und Werk-Stoffe haben wir die «opera» der Quelle vor uns. Wir können sie *Handlungsweisen* nennen, deren *Raum-* und *Zeitbezügen* nachzuspüren sich vielleicht lohnt.

Eine Vielzahl von Örtlichkeiten scheint kennzeichnend für die «opera» der *Männer* zu sein:

- Stall und Stadel, Garten und Feld, Wald und Wildnis; dazu Straße, Gerichts-und Marktplatz, Herrenhof und Heeresetappe. Nur das Haus scheint zu fehlen.

Wo aber mühen sich die *Frauen:*

- Eher wohl auf dem Hof, vor der Tür und unterm Dach – aber notwendig unter dem ‹eigenen›? Man weiß aus dem Frühmittelalter von herrschaftlichen Frauenhäusern («genitia»), in denen unter Aufsicht die «opera textrilia» zu leisten waren. Analog denkbar sind frauengemeinschaftliches Spinnen, Weben und Nähen im lokalen Rahmen. Ein deutlicher Hinweis ist das Waschen «in publico»: sicher eine Örtlichkeit außer Haus und Hof – kann man soweit gehen, diesen Platz als frauen-‹eigen› aufzufassen?

Noch schwieriger ist es, den *Zeitbezug* der geschiedenen Handlungsweisen zu bestimmen. Im Jahresumlauf bäuerlichen Wirtschaftens wiederholen sich die vielen Einzeltätigkeiten in je eigenen Rhythmen und Tempi, eng den örtlichen und klimatischen Regelhaftigkeiten angepaßt. In unserem Text spürt man hiervon recht wenig, verständlicherweise, da es in ihm nur um *einen* Tag im Wochentakt geht. Damit geraten die vielen stündlichen bzw. täglichen Verrichtungen – und ihr Geschlechtsbezug – nicht in den Blick. Gesehen werden eher saisonal begrenzte, aber dann eher tages-, ja wochenzehrende Aufgaben:

– Beim *Mann* sind es vor allem die Pflügezeiten nach der Ernte fürs Winterkorn, im Frühjahr fürs Sommerkorn, im Frühsommer auf der Brache; dazu die spätsommerlich-frühherbstlichen Erntezeiten und anschließenden Fronfuhren zum Herrenhof. Wann Holz- und Steinschlag stattfanden, Gerichts- und Markttag gehalten wurden, läßt sich weder allgemein noch im Einzelfall genau ermitteln – für diese Zeit.
– Der Zeitbezug der «opera textrilia» der *Frau* bleibt noch unklarer. Eigentlich kann man hier nur auf Kenntnisse über spätere Verhältnisse zurückgreifen: die Schafschur im Sommer, die Wandlung von Fasern zu Gewebe und Kleidung während der Winterruhe der Natur. Und das Wäschewaschen? Dessen Geschichte steht noch so gut wie ganz aus – mit dem, was wir heutzutage gewohnt sind, hat einstige Gewebereinigung in Dörfern und Höfen sicher herzlich wenig zu tun!

Diese vielen Unsicherheiten sind sicher der Grund dafür, daß es bislang noch niemand gewagt hat, die frühmittelalterliche Zeitstruktur – möglichst – aller ländlichen Verrichtungen zu erstellen. Dabei richten mit dem neunten Jahrhundert lateinisch dichtende und Kalender illuminierende Mönche erstmalig ihr Augenmerk auf die ‹Monatsetappen› ländlicher Mühsal (fast ausschließlich der Männer), eine Entdeckung, die für die Entstehung der ‹Arbeit› grundlegend sein wird. Nur noch Folgerungen sind möglich für die Sinnebene der durch Sprechen vermittelten Verständigung bei diesen Handlungen. Lassen sich geschlechtsbezogene *Redeweisen* aus dem bereits Gesagten erahnen?

Sicher belegt ist das – den *Männern* vorbehaltene – Sprechen im Gericht: ohne formelgerechtes Sprechen – ich nenne hier nur den Eid – ist die Prozedur der Friedensstiftung undenkbar und ungültig. Zu dieser Rechts-Sprache ‹unter Männern› kommt sicher manches, das sich aufs Zusammenwerken in Feld und Wald bezieht, ebenso aber auch aufs Reden mit dem Vieh, das dienen muß.

Läßt sich – entsprechend – ausschließen, daß die *Frauen* beim gemeinsamen Waschen oder Spinnen in ‹ihrer› Redeweise erzählt, gescherzt und gestritten haben? Und im täglichen Hantieren mit Feuer und Wasser wird es der einzelnen Frau nicht die Sprache verschlagen haben.

Ich muß hier abbrechen, um nicht allzusehr ins Spekulieren zu geraten.

Eine kleine Zwischenbilanz, bevor ich zum Problem der Verbindung von Mann und Frau übergehe:

1. Die Dualismen, die in der Forschung bislang mit dem Blick auf die ‹geschlechtsspezifische Arbeitsteilung› sichtbar wurden, sind wohl noch Projektionen verhaftet, deren Herkunft man im 19. Jahrhundert vermuten kann, währenddessen sich die bürgerliche Lehre von der naturgegebenen Polarität der Geschlechtscharaktere verfestigte. Das Landleben im Frühmittelalter ist weder räumlich in den Gegensatz von ‹Innen› und ‹Außen› zu fügen, noch greift der Unterschied zwischen ‹privat› und ‹öffentlich› Männer und Frauen in den für sie spezifischen Handlungs- und Vorstellungsbezügen.

2. Bei der Interpretation solcher Texte kann man gar nicht mißtrauisch genug mit den wissenschaftlich geläufigen Bedeutungen aller Wörter sein, auf die es bei der Interpretation ankommt. Vielleicht hat der Leser bereits gespürt, wie ich mich winden mußte, um nur die Wörter ‹Arbeit› und ‹Produktion› zu meiden. Welche verfälschenden Wörter mag ich an ihrer Stelle eingeführt haben! Ähnlich schwierig und risikobeladen ist die Deutung scheinbar so simpler Sätze oder Satzteile wie ‹in den Wäldern roden› oder ‹den Flachs schlagen›. Man weiß eben über Werkzeuge und Werkstoffe so wenig, daß man ständig versucht ist, diese Mängel der Quellen durch Kenntnisse auszugleichen, die aus wenig zurückliegenden Zeiten oder anderen Regionen geborgt sind. Aber damit überträgt man natürlich zugleich Teile von deren Genusform.

3. Gibt es bei so schwieriger Methoden- und Sachlage überhaupt noch einen Ertrag, der sich zu inhaltlichen Thesen konzentrieren läßt? Ich meine, zweierlei unterscheiden zu können:

A. Die Verfasser des karolingischen ‹Sonntagsarbeitsverbots› wollten nicht mehr als die Tätigkeiten ländlichen Lebens aufreihen, die am sonntäglichen Kirchgang hindern konnten. Die Ordnung dieser Tätigkeiten aber wurde, wie selbstverständlich, durch getrennte Einstufung von Männern und Frauen vorgenommen. Das zeugt von der Realitätsgeltung solcher Geschiedenheit. Vereint werden Mann und

Die Bücher kosten nur noch
ein Fünftel ihres früheren Preises …

… schrieb der Bischof von Aleria 1467 an Papst Paul II. Das war Gutenberg zu verdanken.

Heute, 500 Jahre später, kosten Taschenbücher nur etwa ein Fünftel bis ein Zehntel des Preises, der für gebundene Ausgaben zu zahlen ist. Das ist der Rotationsmaschine zu verdanken und zu einem Teil auch – der Werbung: Der Werbung für das Taschenbuch und der Werbung im Taschenbuch, wie zum Beispiel dieser Anzeige, die Ihre Aufmerksamkeit auf eine vorteilhafte Sparform lenken möchte.

Frau unter das «opus servile», alles Nähere wird getrennt behandelt, vereint sind sie dann wieder als ‹Leute›, die man als Kirchgangspflichtige sich denkt. Was die Geschlechter im Sinnhorizont dieser Quelle sich gleichen läßt, sind ständisch niedere Überlebensmühe und regelhafter Gottesdienst.

B. Aus so engem Blickwinkel formulierte Unterschiedlichkeiten können natürlich kein ‹System› darstellen. Vielleicht kann man mir aber recht geben, wenn ich den *Grundzug* der Zwiefalt bäuerlichen Männer- und Frauenhandelns so formuliere:

– Der *Mann* hält die meisten Domänen der *eröffnenden* Zurichtung der vielfältigen ‹Natur› auf künftige Gebrauchszwecke besetzt, die *Frau* dominiert die Bereiche, die der leiblichen Nutzung unmittelbar *vorangehen*.

Dazu kommt eine viel deutlichere Wahrnehmung der Vielfalt außerhäuslichen Männerhandelns, das kirchganghemmend sein kann – ob nun anerkannt oder anstößig. Es ist die Frage, ob diese Wahrnehmung im Verhältnis zu der der Frauen ‹schief› ist, ob sie gewissermaßen plan spiegelt oder konvex bzw. konkav ‹verzerrt›. Erst wenn man mehr darüber weiß, wird es möglich sein, auf die Suche nach weiteren ‹Grundzügen› zu gehen. Aber läßt sich der oben formulierte Grundzug als ein erster Bestimmungsschritt ansehen, der vom Genus-Begriff Illichs in seiner Allgemeinheit zur *besonderen* Genus-Form frühmittelalterlicher Bauern und Bäuerinnen führt?

Wie dem auch sei – wichtiger ist zunächst, daß die im ‹Sonntagsarbeitsverbot› enthaltenen Zuschreibungen durch andere Quellen bestätigt bzw. modifiziert werden. Sonst fiele – in diesem Falle – Illichs Grundsatz von der regionalen, ja lokalen Vielfalt und Variation der Genusausformungen.

Diese Konkretisierungen sind möglich. Ein Teil der beachtlichen Zahl von Registern, in denen der königliche und klösterliche Besitz an Land und Leuten, dazu die Einkommensformen und -rechte niedergeschrieben sind – sie heißen Urbare oder Polyptychen –, beweist das.

Ich greife ein Beispiel heraus. Gegen Ende des neunten Jahrhunderts erstellten Mönche des reichen Reichsklosters Prüm in der Eifel ein solches Register durch ‹Erhebung›, also Befragung vor Ort. Im Weinbaugebiet der mittleren Mosel trierabwärts besaß die Abtei Güter im Ort Mehring. Die Beschreibung der dortigen Besitzungen, Leute und Rechte führt in mehrfacher Hinsicht weiter.

1. Die Aufgabenteilung zwischen Mann und Frau in Mehring

weicht in wichtigen Punkten von der oben erläuterten ab. Ich referiere eine Textpassage: Die Frau des Weinbauern Eurich «zinst 10 Scheffel Wein. Sie sammelt 1 Viertel (Brom-)Beeren, zinst 1 Becher Senf, achtet auf ein Schnittlauchbeet und eineinhalb Lauchbeete im Garten des Herrenhofs. Sie muß Flachs zusammenlesen und -binden, die Schafe waschen und scheren.» Die Sätze handeln von Pflichten der Frau gegenüber dem Kloster: Abgaben und Dienste sind zu leisten. Deren Aufzählungen geben am meisten her für die geschlechtsspezifischen Ausformungen im konkreten Fall. Doch sind zwei Vorbehalte zu machen: Es wird nur formuliert, was die Bauern bzw. Bäuerinnen sollen, dieses Soll muß nicht mit dem übereinstimmen, was sie dann wirklich für die Herrschaft tun; und dieses Soll ist auch nicht gleichsetzbar mit dem Männer- und Frauenhandeln, das sich *nicht* auf die Rechte der Herrschaft bezieht – mögen es auch die ‹gleichen› Tätigkeiten sein!

Deutlich wird an dieser Passage, daß in Mehring die Frau am Weinbau beteiligt ist; wie sollte sie sonst zinsen können? Und sie schafft im Garten. Beide Tätigkeiten sind im ‹Sonntagsarbeitsverbot› den Männern zugeschrieben. Man muß also mit recht verschiedenen Ausformungen der Aufgabenzwiefalt vor Ort rechnen.

2. Die genauen Bestimmungen zum Frondienst erlauben es aber auch, den Gesichtspunkt der unterschiedlichen Verteilung von Hab und Gut am Ort für die lokale Genus-Ausformung ins Spiel zu bringen. Ich referiere wieder: Eurich hat einen Hof («mansus») und dazu eine Weingutparzelle. «Er (Eurich, der Hof?) zinst ... Pro Woche arbeitet er – während des ganzen Jahres 3 Tage mit Ochsen oder mit der Hand, und dabei wird er mit Brot verpflegt. Er leistet 3 Pflugtage: Wer Ochsen hat, mit dem Pflug, wer keine hat, zieht Zäune oder gräbt auf dem Feld.» Man muß also damit rechnen, daß im konkreten Fall zwischen den Männern (und Frauen) selbst Unterschiede in der dinglichen Ausstattung bestehen, die das lokale Genusgefüge komplizieren. Man kann nicht die Frage übergehen, welche Folgen das dauerhafte Haben oder Nicht-Haben von Ochse und Pflug, und weiter: von viel oder wenig Land, von Knechten und Mägden u. a. für die Zwiefältigkeit der Gemeinschaft am Ort, aber auch in einer Kultur oder Epoche hat.

3. Eng zusammenhängend, aber nicht identisch mit diesem Gesichtspunkt ist die rechtsständische Gliederung der Bauern im Frankenreich. Meist erborene, seltener – durch Freilassung, Freikauf, freiwillige oder erzwungene Verknechtung – erworbene Rechtsquali-

täten, die sich – modern gesprochen – als vielfältige Minderungen unserer ‹Grundrechte› darstellen, teilen und schichten die Bauern vor Ort, aber von Ort zu Ort in verschiedenem Ausmaß: Hier gibt es fast nur «coloni» bzw. «ingenui», dort vorwiegend «servi», anderswo gleichviele «lidi» und «servi», wieder anderswo – neben den genannten Ständen – auch «epistolarii», «cartularii», ja ab und zu sogar «liberi». Was diese Wörter je genau bedeuten, kann ich hier übergehen. Die lokale und regionale Genusausformung betreffen solche Unterschiede sicher erheblich. Es kann einfach nicht ohne Folgen für die Art der Geschlechtertrennung sein, wenn unter den Männern die einen, weil sie – ständisch gesehen – ‹Knechte› sind, der Herrschaft allwöchentlich drei Tage dienen müssen, während die ‹Freien› tagweise zu den Pflug- und Erntezeiten fronen, sonst nicht. Ebenso genus-prägend dürfte es gewesen sein, wenn die Mehrheit der Frauen am Ort so gut wie frei von jedem Frondienst sind, einige aber im ‹Frauenhaus› des Herrenhofs regelmäßig Wolle und Flachs bereiten, spinnen und weben, die fronenden Bauern beköstigen u. a. m. Für all dies gibt es Hinweise in Hülle und Fülle.

4. Noch wichtiger scheint mir eine weitere Differenzierung des Bildes zu sein, das die urbarialen Quellen ermöglichen. Ich referiere wieder aus der Beschreibung von Mehring: Bei der Heumahd, der Getreideernte und der Weinlese sollen «Mann und Frau mit ihrem Karren täglich werken» (et vir et uxor cotidie operari cum carro suo). Im Fall des Erntens sieht man beide Geschlechter im engen Zusammenwirken: wie solche ‹Kooperation› genau aussieht, wird nicht gesagt: wer Halm, Gras oder Traube schneidet, wer zusammenlegt, auflädt, zum Hof karrt, Nachlese hält usf. Unserer Erfahrung nach mag die Verteilung recht klar sein – deren Übertragung aber aufs Moselland im 9. Jahrhundert ist nicht erlaubt.

Damit sind wir an den Punkt gekommen, wo die *Trennung* der Geschlechter voneinander in ihrer *Verbindung* miteinander ‹umschlägt›. Wo und wann aber geschieht dies überhaupt? Sicher dann, wenn beide Geschlechter im unmittelbaren ‹Wechselschritt› handeln, wenn alles, was zur Handlung gehört, wie ein Zug an einem Reißverschluß vor sich geht: Mann und Frau bzw. Männer und Frauen in nahezu raumidentischer und zeitgleicher Verzahnung. Wie aber steht es mit der Integration in allen den Fällen – und diese bilden sicher die Mehrheit beim ländlichen sich Mühen um ein Auskommen –, wo diese sozusagen dramatische ‹Einheit von Personen, Zeit und Handlung› nicht besteht, ja nicht bestehen kann? Von welchem Punkt aus ist dann die Komplementarität zu begründen? Inwiefern dienen all diese geschlechtsentzweiten Handlungen endlich doch beiden Geschlechtern zugleich?

Wenn die beid-geschlechtliche Verbindlichkeit nicht im Handlungsvorgang selbst liegt – was bleibt anderes, als nach dem Sinn und Nutzen ihrer Ergebnisse zu fragen?

Genau auf diese Fragen gibt es jedoch keine direkten Antworten. Wieder muß man sich an verschriftlichte Ordnungsversuche der Herrschaft halten, man kann sich also nicht sicher sein, wieviel bäuerlicher Lebens-Wirklichkeit in ihnen steckt. Die ausführlicheren frühmittelalterlichen Urbare enthalten in der Regel *zwei* Dimensionen *organisierter Einheit,* auf die es hier ankommt:

1. Männer und Frauen sind in der *Betriebsform* der *Hufe* («mansus») vereint. Man versteht darunter den *Verbund* von Hofstatt und Garten, Acker- und Wiesenland (10–30 ha), Waldnutzungs- und Wiesenrechten. Die Hufe ist eine kleine, aber äußerst vielseitige Einheit von extensivem Mehrfruchtbau, intensiver Pflanzkultur, gestaffelter Viehzucht vom Rind bis hinunter zum Huhn und überbetrieblich verteiltem Sammeln und Jagen. Dieser ‹Ort› der Überlebensmühe ist deutlich von dem des Nachbarn abgegrenzt: und zwar durch feste Bindungen der Dinggesamtheit an deren Nutzungsbefähigte und – seitens der Herrschaft – Nutzungsbefugte. Und deren Gebrauchs- und Verbrauchserwartungen sind über den Jahreslauf hinaus auf den generationsübergreifenden Erhalt dieser Dingstruktur ausgerichtet.

2. Die dieser Betriebsart entsprechende Sozialform ist die *paarhafte Verbindung* von Mann und Frau («et vir et uxor»). Man ist versucht, dazu ‹monogame Ehe› zu sagen – sollte es aber besser nicht tun, da die Eigentümlichkeit dieser Geschlechtereinigung noch unzureichend ent-deckt ist. Die Urbare – dazu aber auch Urkunden, Rechtstexte und andere Quellenarten – geben einige Einzelheiten hierzu frei:

– Nicht allein der Mann wird von der Herrschaft als Verantwortlicher für die Entrichtung der Abgaben und Dienste benannt. Zwar steht er – namentlich genannt – an erster Stelle; dann aber folgt – in den ausführlichen Registern – die Frau (entweder nur als «uxor» oder namentlich genannt). Und im Falle der Verwitwung tritt sie gegenüber der Herrschaft an die Stelle ihres Mannes – nicht etwa der nächste Verwandte des Toten. ‹Verdrängt› von dieser Stelle wird sie von dem Mann des ersten Paares der folgenden Generation – sei er Sohn oder Schwiegersohn.

– Die rechtsständischen Unterschiede, von denen ich oben sprach, sind kein Hindernis für eine Paarbildung. Der Stand der Nachkommen eines Mischpaares kann sich sowohl nach dem des Mannes als auch dem der Frau richten. Ebenso ist es mit der Namensvererbung.

Es steht noch manche Arbeit aus, damit über das Verhältnis dieses bäuerlichen Paares zur Verwandtschaft, zum vererbbaren Gut, zum täglichen Haushalten und zum Dienst für die Herrschaft solide geurteilt werden kann – sicherlich aber ist ein wichtiges weiteres Element der Genusform frühmittelalterlichen Bauerndaseins gewonnen. Dies auch dann, wenn die herrschaftliche Wahrnehmung und Registrierung dieses Paares noch nicht viel mehr als ein ‹Programm› sein kann, in dem Ehe-Lehren der frühmittelalterlichen Theologie mit dem Bemühen um intensivere Indienstnahme der bäuerlichen Betriebe sich verbinden. Ich gebe Ivan Illich auf alle Fälle erst einmal recht, wenn er diesem Grundzug der frühmittelalterlichen Genusform den Titel des «abschöpfbaren Paares» verleiht.

Mein kleiner Gang durch zwei Quellenbereiche hat sowohl für den Gesichtspunkt der Geschiedenheit wie den der Einung die Brauchbarkeit des Genuskonzepts für das frühe Mittelalter bestätigt. Es war möglich, verschiedene Ebenen, Schichten, Felder und Horizonte des Geschlechtsbezuges zu sehen oder zu vermuten, die andere Konzepte nicht erlaubten oder beförderten.

Dabei hat sich aber gezeigt, welche Unsicherheiten die Lücken und die Tücken der Überlieferung hinterlassen: Kann man in dem, was im königlichen, kirchlichen oder grundherrlichen Interesse wahrgenommen, geordnet und in buch-bezogener Sprache verschriftlicht wird, mehr sehen als dieses Interesse? Eine der Eingangsfragen bleibt also auf der Tagesordnung. Ohne Zweifel wird man hier weiterkommen, wenn man – wie die Historiker sagen – die ‹Quellenbasis› erweitert; darauf freue ich mich auch schon.

Für Illichs Genuskonzept hat der kleine ‹Prüfgang› durch ein begrenztes geschichtliches Feld – so denke ich – auch Nützliches erbracht.

Ich sehe diesem Konzept nun noch deutlicher an, wie eng den von den Ethnologen studierten Lebensverhältnissen es angepaßt ist, gewissermaßen maßgeschneidert für die kleinen Lebensformen, in denen vor allem neben- und nacheinander, vielleicht sogar füreinander gelebt wird.

Im frühen Mittelalter sind diese kleinen Formen aber umstellt und überlagert von Instanzen, die deren Genus mindestens mitprägen. Es ist recht verlockend, schon in dieser Zeit Frühformen jener Dreiheit am Werke zu sehen, die seit dem Hochmittelalter das ‹Land› in den Schwitzkasten je eigener Betreuungsarten nimmt und dafür Unterhalt fordert: der Territorialstaat stiftet Frieden gegen Zins, die Kirche Erlösung gegen Zehnt, die Stadt Wert gegen Zoll. ‹Am Ende› steht dann ein Konstrukt, das heute alle Kritiker des Industrialismus peinigt: das untertänige, gewissenhafte, produktive und geschlechtsneutrale Individuum. Man mag diese Hauruckausrichtung der europäischen Geschichte für schlichtweg idiotisch halten. Deshalb zurück zu den Quellen!

– Der Zugriff der friedenstiftenden Herrschaftsträger auf die Genusform besteht in der Heraushebung männereigener Handlungsweisen für das ‹größere› Gemeinwesen: sie dürfen sogar für Heeres- und Herrenbedarf die Sonntagsmesse versäumen. Damit weist der Mann einmal mehr über die ‹kleine Form› von Haushalt und Lokalgemeinschaft hinaus.

– Der Zugriff der heilsvermittelnden Herrschaftsträger auf die Genusform besteht in der Erhebung der Frauen zu gottesdienst-pflichtigen Leuten neben den Männern. Vor dem Priester sind – salopp und grob gesagt – Mann und Frau als Pflichtige und Empfangende ‹gleich›: ‹alle› sollen am Sonntag erscheinen, nicht etwa nur alle Hausväter. Damit bricht das ‹größere› Gemeinwesen Kirche rituell in den Bauernhaushalt ein.

– Die Wirkung des gemünzten Geldes, das an die Stelle *jeder* tauschbaren Sache treten kann, auf die Genusform ist ebenso deutlich wie unabsehbar: in dieser Zeit geht der Trend im Abgabenwesen dahin, den Bauernhaushalten den Gang zum geldbeschaffenden Markt schmackhaft zu machen, gleichgültig, ob Mann oder Frau erwirtschaftet haben, was dann ‹versilbert› wird.

Ich schließe mit einer kniffligen Frage an Ivan Illich und alle, die sich mit seinem Genuskonzept auseinandersetzen möchten – egal, von welchen empirischen Verhältnissen sie dabei ausgehen:

Man muß immer mit Trübungen, Brechungen, Prägungen, Ein- und Ausgrenzungen der kulturspezifischen Genusausformungen rechnen, die verursacht sind durch die ‹großen› Formen oder Mächte oben, drüben oder draußen: Witterungseinbruch, Seuche, Invasion, Kulturkontakt, veralltäglichte Herrschaft, Austausch usf. Können diese ‹Modifikatoren› samt und sonders als qualifizierende Attribute in den jeweiligen Genusbegriff eingehen? Oder sind sie alle Erzfeinde dieser Grundform, die nichts mit ihr zu tun haben (sollen), also auch begrifflich scharf von ihr getrennt bleiben sollen?

Der detailverliebte, endlos reinterpretierende Historiker wird, so nehme ich auf alle Fälle an, der Idealität der Komplementarität verunreinigend zu Leibe rücken und Ivan Illich doch noch in die Abhängigkeit seiner langfristigen Dienst-Leistungen bringen wollen!

Anmerkungen

Ivan Illich:
Einführung in die Kulturgeschichte der Knappheit

1 Der hier abgedruckte Text ist die leicht gekürzte Fassung der «Nachschriften» jener beiden ersten Vorlesungen «Zur Kulturgeschichte der Knappheit», die der Autor 1983 in Marburg gehalten hat.

Dietrich Stollberg:
«Die warenhafte Muttersprache»

1 Ivan Illich, Vom Recht auf Gemeinheit, Reinbek 1982, S. 30 bis 48
2 a. a. O., S. 31
3 a. a. O., S. 32
4 a. a. O., S. 33
5 Vgl. D. Stollberg, Art. Seelsorge, in: D. v. Heymann u. a., Handwörterbuch des Pfarramts, München 1978ff., 7ff.
6 Illich, Vom Recht auf Gemeinheit, S. 34
7 ebd.
8 a. a. O., S. 25
9 a. a. O., S. 37
10 ebd.
11 a. a. O., S. 37
12 a. a. O., S. 38
13 a. a. O., S. 39
14 a. a. O., S. 40
15 a. a. O., S. 41
16 a. a. O., S. 45, 47f.

Stephan H. Pfürtner:
Im Zeichen des Exodus

1 Ivan Illich, Die Kehrseite der Barmherzigkeit. Erstdruck in: ‹America› v. 21. 1. 1967, deutsche Veröffentlichung bei Illich, Schulen helfen nicht. Reinbek 1972, 69ff.
2 a. a. O., S. 72
3 a. a. O., S. 71f.
4 a. a. O., Das Verschwinden des Priesters, S. 63
5 a. a. O., Die Kehrseite der Barmherzigkeit, S. 67f.
6 a. a. O.
7 Vgl. Tarcisio Ocampo V. (Hrsg.), «Mexiko. ‹Entredicho› del Vaticano a CIDOC 1966–69». CIDOC Dossier No. 37. Cuernavaca 1969.
8 Diesem Thema gelten vor allem die beiden Beiträge «Die Ohnmacht der Kirche» und «Das Verschwinden des Priesters», in: Schulen helfen nicht, a. a. O., S. 37–43 u. 45–65.
9 Vgl. E. Bethge, Dietrich Bonhoeffer. Theologe, Christ, Zeitgenosse. München 1970, S. 977.

10 a. a. O., S. 258f., S. 802.
11 W. Huber, Sozialethik als Verantwortungsethik. In: Ethos des Alltags, hg. von A. Bondolfi, W. Heierle u. D. Mieth, Zürich–Einsiedeln–Köln 1983, S. 63.
12 a. a. O., S. 66
12a Vgl. W. Huber in diesem Band S. 65.
13 Ecclesia «coniunctionem, observantiam ac dilectionem erga totam hominum familiam, cui inseritur, eloquentius demonstrare non valet quam instituendo cum ea de variis illis problematis colloquium, lumen afferendo ex Evangelio deproptum ... Hominis enim persona salvanda est humanaque societas instauranda». Pastorale Konstitution über die Kirche in der Welt von heute (1965) Art. 3.
14 I. Illich, Memorandum zur 1. Vorlesung, WS 1983/84 in Marburg, s. oben S. 13.
15 Zit. nach E. Bethge, a. a. O., S. 803
16 So in einem mündlichen Beitrag während des Semester-Kolloquiums 1983/84
17 D. v. Oppen, Marburger Aufzeichnungen. Zur Krise der modernen Welt. Stuttgart 1983, S. 68.
18 Ivan Illich, Vom Recht auf Gemeinheit. Reinbek 1982, S. 54.
19 Rowohlt Verlag, Reinbek bei Hamburg, 1983
20 «Die Zeit» vom 24. Februar 1984, S. 36
21 a. a. O.
22 Ivan Illich, Genus, a. a. O., S. 41
23 a. a. O., S. 195
24 a. a. O. (Genus), S. 43
25 a. a. O., S. 154
26 a. a. O., S. 35
27 a. a. O., S. 24f.
28 a. a. O., S. 155
29 a. a. O., S. 168
30 a. a. O., S. 43
31 Aristoteles, Nikomachische Ethik, Buch V, 7 1131 b 29. Übrigens steht im Originaltext für «das Proportionale» «Analogón ti», wörtlich also «etwas Analoges». Die hier verwandte Übersetzung von Franz Dirlmeyer trifft präzise das Gemeinte und bringt zugleich die lateinische Aristoteles-Rezeption ein, die vom «iustum proportionalitatis» sprach (vgl. Thomas von Aquin, In Eth. ad Nic. lib. V, lect. VI u. VII).
32 Genus, a. a. O., S. 127
33 a. a. O.
34 Vgl. a. a. O., S. 126
35 a. a. O.

Wolfgang Huber:
Die Erfahrung des Wandels feiern

1 Nachträglich niedergeschriebenes und mehrfach ergänztes Votum in dem Marburger Kolloquium mit Ivan Illich am 17. November 1983. Diesem Kolloquium lagen insbesondere folgende Texte von Illich zugrunde: Das Verschwinden des Priesters (1959 geschrieben, 1967 veröffentlicht), in: Schulen helfen nicht, 1972, S. 45–67; Die Ohnmacht der Kirche (1967), ebd. S. 37–43; Über die ökumenische Ver-Wirung (1981), in: Vom Recht auf Gemeinheit, 1982, S. 94 bis 99. Ich füge diesem Votum gelegentlich Hinweise auf eigene Arbeiten bei, um meinen eigenen Argumentationshintergrund anzudeuten.

2 H. Dauber/W. Simpfendörfer, Eigener Haushalt und bewohnter Erdkreis. Ökologisches und ökumenisches Lernen in der «Einen Welt», Wuppertal 1981, S. 154. Dort findet sich S. 155–160 die Erstveröffentlichung von Illichs Text «Über die ökumenische Ver-Wirung».

3 Zu «Umstülpung» jetzt: I. Illich, Schule ins Museum. Phaidros und die Folgen, Bad Heilbrunn 1984, S. 13.

4 Vgl. zu dieser institutionenkritischen Perspektive F. Houtart/A. Rousseau, Ist die Kirche eine antirevolutionäre Kraft?, München/Mainz 1973, sowie W. Huber, Kirche und Militarismus, in: W. Huber/G. Liedke (Hg.), Christentum und Militarismus, Stuttgart/München 1974, S. 158–184.

5 Vgl. etwa die Bemerkung über das Schulwesen, «das heute weltweit zur katholischsten aller Institutionen geworden ist. Die rituellen Unterschiede in der Meßfeier der katholischen Kirche sind seit dem Vatikanum größer als die Unterschiede im Schulritus in Rußland, Japan, USA und Bayern» (Schule ins Museum, a. a. O., S. 21).

6 W. Weber, Wirtschaft und Gesellschaft, 5. Aufl. Tübingen 1976, S. 692ff.; vgl. W. Huber, Kirche Stuttgart 1979, S. 119ff.

7 Die Ohnmacht der Kirche S. 37.

8 ebd. S. 43.

9 Aber er ist eine Erfahrung der Zeit, die wir mit allen Erfahrungen in der Zeit machen können (W. Huber, Die Spannung zwischen Glauben und Lehre als Problem der Theologie, in: G. Picht/E. Rudolph, Theologie – was ist das?, Stuttgart 1977, S. 223). Beide Aussagen gehören zusammen.

10 Vgl. W. Huber, Kirche, a. a. O., S. 40ff., 110ff.

11 Die Ohnmacht der Kirche, S. 38.

12 Das Verschwinden des Priesters, S. 47.

13 Die Ohnmacht der Kirche, S. 38.

14 ebd. S. 43.

15 Ich halte an dem Begriff der «zwanglosen Kommunikation» trotz des von Illich mündlich geäußerten Einwands fest, der Begriff der Kommunikation tauge deshalb nicht, weil er bereits den neuzeitlichen Begriff des Subjekts als des selbständigen Individuums voraussetzte; denn es seien Subjekte in diesem Sinn, zwischen denen Kommunikation immer erst in Gang gebracht werden könne. Demgegenüber verweise ich darauf, daß *communis* das lateinische Äquivalent für das von Illich zu Recht geliebte alte deutsche Wort *gemein* ist (vgl. die Essay-Sammlung: Vom Recht auf Gemeinheit, 1982 sowie Genus. Zu einer historischen Kritik der Gleichheit, 1983, S. 144f.). Insofern könnte ich auch von «zwangloser Gemeinheit» sprechen. Im Hintergrund des hier verwendeten Begriffs der «zwanglosen Kommunikation» steht das Verständnis von Freiheit als kommunikativer Freiheit, an dem ich in verschiedenen Zusammenhängen und im Anschluß an Michael Theunissen zu arbeiten versucht habe; vgl. W. Huber, Folgen christlicher Freiheit. Ethik und Theorie der Kirche im Horizont der Barmer Theologischen Erklärung, Neukirchen 1983, bes. S. 113ff.

16 Vgl. Matthäus 25, 31–46.

17 Johannes 10,10. Auf dieses Wort hat Illich in einem unserer Kolloquien nachdrücklich Bezug genommen.

18 Genus, S. 18f.

19 ebd. S. 211.

20 Vgl. Römer 12 und 1. Korinther 12.

21 Die Ohnmacht des Priesters, S. 38.

22 «Die Kirche ist zu einem Agenten geworden, dem man zutraut, soziale Reformprogramme zu verwirklichen. Sie setzt sich genügend ein, um einige Er-

gebnisse zu erzielen. Wird sie aber von wirklichem Wandel bedroht, so zieht sie sich lieber zurück, als zuzulassen, daß sich soziale Bewußtheit wie ein Lauffeuer ausbreitet» (Die Kehrseite der Barmherzigkeit, in: Schulen helfen nicht, a. a. O., S. 72). Der Weg zur Armut ist, wie Illichs entwicklungspolitische Analysen zeigen, nicht nur mit technischer Hilfe, sondern eben auch mit Almosen gepflastert (vgl. Geplante Armut als Frucht technischer Hilfe, in: Schulen helfen nicht, a. a. O., S. 123).

23 So der Artikel VII der Augsburgischen Konfession von 1530 (Die Bekenntnisschriften der evangelisch-lutherischen Kirche, Göttingen 1959, S. 61).

24 Über die ökonomische Ver-Wirung, S. 99.

25 Das sind Illichs Beispiele: Das Verschwinden des Priesters, S. 65.

26 Genus, S. 19.

27 Vgl. A. M. K. Müller, Die präparierte Zeit. Der Mensch in der Krise seiner eigenen Zielsetzungen, Stuttgart 1972; G. Picht, Die Zeit und die Modalitäten, in: Hier und Jetzt. Philosophieren nach Auschwitz und Hiroshima, Bd. I, Stuttgart 1980, S. 362–374.

28 Vgl. W. Huber, Sozialethik als Verantwortungsethik, in: A. Bondolfi u. a. (Hg.), Ethos des Alltags. Festgabe für Stephan H. Pfürtner, Zürich 1983, S. 55–76; ders., Erinnerung, Erfahrung, Erwartung. Die Ungleichzeitigkeit der Religion und die Aufgabe der Ethik, in: Gedenkschrift für G. Picht, Stuttgart 1984.

29 Unter der vielfältigen Literatur nenne ich als Zusammenfassung: H. Frankemölle (Hg.), Kirche von unten. Alternative Gemeinden, München/Mainz 1981.

30 Von radikaler «Säkularisierung» spricht Illich: Vom Verschwinden des Priesters, S. 54.

31 D. Bonhoeffer, Widerstand und Ergebung, Neuausgabe München 1970, S. 415f.

32 Vgl. W. Huber, Folgen christlicher Freiheit, a. a. O., S. 198f.

33 Vom Verschwinden des Priesters, S. 54.

34 E. Fromm, Einleitung zu: Schulen helfen nicht, S. 7.

35 Vgl. das von Illich mit anderen zusammen veröffentlichte Manuskript «Aufruf zur Feier», in: Schulen helfen nicht, S. 139–143.

36 Eine solche List sehe ich etwa in dem neuerdings in den Vordergrund gerückten Kunstbegriff des «Vernakulären». Dabei ist mir bewußt, daß *vernacular* im Englischen weit weniger exotisch klingt als *vernakulär* im Deutschen. Vor der begrifflichen Universalisierung des Wortes schreckt mich einstweilen noch dessen ursprüngliche Bedeutung in der römischen Rechtssprache zurück: *verna* ist der Haussklave, nämlich der bzw. die von einer Sklavin im Hause geborene Sklave bzw. Sklavin. Von hier aus bedeutet *vernaculus* dann alles zum Haus Gehörige.

37 Struktur einer Kulturrevolution, in: Schulen helfen nicht, S. 143–154.

Dietrich Stollberg:
«Jeder von uns lebt in vielen Zeiten»

1 Ivan Illich, Genus. Zu einer historischen Kritik der Gleichheit. Reinbek 183, S. 127

2 ebd.

3 a. a. O., S. 128

4 ebd.

5 Vgl. u. v. a. W. Huber, Folgen christlicher Freiheit, Neukirchen 1983, passim
6 P. M. van Buren, Zürich/Stuttgart 1965
7 D. Bonhoeffer, Widerstand und Ergebung, München 1962, S. 219; G. Ebeling, Die «nichtreligiöse Interpretation biblischer Begriffe», in: Die mündige Welt, 2. Band, München 1956, S. 12–73; G. Harbsmeier, Die «nichtreligiöse Interpretation biblischer Begriffe» bei Bonhoeffer und die Entmythologisierung, ebd., S. 74–91.
8 Vgl. u. a. I. Illich, «Die Ohnmacht der Kirche», in: Schulen helfen nicht, Reinbek 1972, S. 37–43
9 a. a. O., S. 43
10 a. a. O., S. 38
11 ebd.
12 ebd.
13 ebd.
14 a. a. O., S. 40
15 a. a. O., S. 39
16 a. a. O., S. 37
17 E. Lange, München[2] 1984
18 Vgl. H. J. Gänssler, Evangelium und weltliches Schwert. München 1983
19 Ivan Illich a. a. O.
19a Luthers Lehre über den Menschen, daß er «zugleich Gerechter und Sünder» sei.
20 Vgl. Stollberg, Das Veilchen, in WzM Göttingen 1984, 8/9
21 F. de Goya: «El sueño de razon produce monstruos». Vgl. J. Ebach, Leviathan und Behemont. Eine Biblische Erinnerung wider die Kolonialisierung der Lebenswelt durch das Prinzip der Zweckrationalität, Paderborn 1984; ders., «Der Traum der Vernunft . . .», in: Anstöße, Hofgeismar 1984/1, S. 30–39

Theo Schiller:
Illichs Politik der neuen Unmittelbarkeit

1 Ivan Illich, Selbstbegrenzung. Reinbek 1975, S. 175f.
2 Illich, Fortschrittsmythen. Reinbek 1978, S. 30ff.
3 a. a. O., S. 7
4 Illich, Vom Recht auf Gemeinheit. Reinbek 1982, S. 101ff.
5 a. a. O., S. 101f.
6 Selbstbegrenzung, S. 38
7 a. a. O., S. 50
8 Vom Recht auf Gemeinheit, S. 111
9 Selbstbegrenzung, S. 181
10 a. a. O., S. 178ff.
11 a. a. O., S. 179
12 a. a. O., S. 182
13 a. a. O., S. 182f.
14 a. a. O., S. 184
15 a. a. O., S. 183f., S. 188
16 Fred Hirsch, Die sozialen Grenzen des Wachstums. Reinbek 1980.

Hans Christoph Berg:
Bildung im sauren Regen – Hilft Illich?

1 Einleitendes Kurzreferat zum Marburger Schulkolloquium mit Ivan Illich am 3. November 1983
2 Vgl. Illich, Entschulung der Gesellschaft. München 1972, Reinbek 1973
3 Illich: Plädoyer für die Abschaffung der Schule, in: Kursbuch 24, Juni 1971, S. 12
3a Illich: Entschulung, S. 16
4 a. a. O., S. 110ff.
5 Leo Tolstoi: Die Schule von Jasnaja Poljana (1862), hg. von Stefan Blankertz. Westbevern 1976
6 Vgl. Martin Wagenschein: Naturphänomene sehen und verstehen, Genetische Lehrgänge, hg. von Hans Christoph Berg, Stuttgart 1980, S. 52–56
7 ebd.
8 Aufriß meiner Lehrveranstaltung «Schulvielfalt. Schulpluralismus unter Staatsaufsicht statt Schuldirigismus in Staatshoheit. Historisch-morphologische Einführung in ein freiheitlicheres Ordnungsbild des Schulwesens».
9 Vgl. Arbeitsgemeinschaft Freier Schulen (Hg.): Handbuch Freie Schulen. Pädagogische Positionen, Träger, Schulreformen und Schulen im Überblick. Reinbek 1984.
Hans Christoph Berg: Freie Schulen als Regelschulen und Staatsschulen als Ersatzschulen. Entwicklungsaussichten einer freiheitlich-demokratischen Schulverfassung (Vortrag auf der Modellversuchstagung in der Hiberniaschule, Juni 1983, und auf dem Göttinger Grünen Bildungskongreß, Februar 1974; im Druck).
10 Ausführlicher in: Hans Christoph Berg/Wolfgang Klafki/Doris Knab u. a.: Schulpluralismus unter Staatsaufsicht statt Schuldirigismus in Staatshoheit. Beiträge zum 8. Kongreß der Deutschen Gesellschaft für Erziehungswissenschaft. ZfP-Sonderheft 1983
11 Hartmut von Hentig: Aufwachsen in Vernunft. Kommentare zur Dialektik der Bildungsreform. Stuttgart 1981, S. 69/70
12 OECD: Bildungswesen mangelhaft. BRD-Bildungspolitik im OECD-Länderexamen. Herausgegeben von Klaus Hüfner. Frankfurt/Main 1973, S. 90
13 Hans Heckel/Paul Seipp: Schulrechtskunde. Neuwied[5] 1976, S. 6
14 Klaus Schmitz: Geschichte der Schule. Stuttgart/Berlin/Köln/Mainz 1980
15 Otto Willmann: Didaktik als Bildungslehre (1882–88). Freiburg[7] 1957, S. 286f.
16 Eduard Spranger: Die Verschulung Deutschlands (1928). In: Spranger: Gesammelte Werke V, Paderborn 1975

Jean Robert:
Verlust der Erläuterungssprache in der Physik von 1840 bis 1900

1 Paul Mittelstaedt: Wahrheit, Wirklichkeit und Logik in der Sprache der Physik, 1981, S. 4
2 Ivan Illich: Genus, Reinbek 1982
3 Heinrich Hertz: Die Prinzipien der Mechanik in neuem Zusammenhang dargestellt, Leipzig 1894, S. 39
4 ebd., S. 26
5 ebd., S. 29
6 ebd., S. 33

7 ebd., S. 31
8 ebd.
9 C. F. von Weizsäcker: Die Einheit der Natur. München 1971, S. 84
10 Edgar Lüscher vgl. Anm. 15
11 Bernhard Riemann: Inaugural Dissertation. Göttingen 1851. S. 3ff.
12 Hermann von Helmholtz: Schriften zur Erkennungstheorie. Berlin 1921 (1868), S. 38f.
13 Max Planck: Wissenschaftliche Selbstbiographie. Leipzig 1948
14 cf Whorf, Benjamin Lee: Selected Writings. MIT Press, 1956
15 E. Lüscher, zitiert bei J. Schickel: Die Sprache der Physik. B. P. Kurier, 3/4 1982, 34. Jahrgang, S. 28
16 Cf. G. Stocking: The Shaping of American Anthropology 1883–1911: A Franz Boas Reader, New York 1974
17 Albert Einstein: Über die von der molekularkinetischen Theorie der Wärme geforderte Bewegung von in ruhenden Flüssigkeiten suspendierten Teilchen. Annalen der Physik. Hg. Paul Drude, Leipzig 1905, Band 17, S. 132ff.
Albert Einstein: Über einen die Erzeugung und Verwendung des Lichtes betreffenden heuristischen Gesichtspunkt. Ebd., S. 594ff.
Albert Einstein: Zur Elektrodynamik bewegter Körper. Ebd., S. 891ff.
18 Heinrich Hertz, op. cit.
19 Serge Podolinski: Menschliche Arbeit und Einheit der Kraft, in: Die Neue Zeit. Stuttgart 1883, 1. Jg., S. 413–424, 449–457
20 Friedrich Mohr: Mechanische Theorie der chemischen Affinität und die neue Chemie. Braunschweig 1868, S. 350
21 Julius Robert Mayer: Bemerkungen über die Kräfte der unbelebten Natur, Annalen der Chemie und Pharmacie, Bd. 42, 1842, S. 234
22 «Professor Dr. Pfaff über Mayers ersten Aufsatz», in: Robert Mayer: Kleinere Schriften und Briefe, hg. von Jacob Weyrauch. Stuttgart 1893, S. 232
23 ebd., S. 419
24 Otto Seyffer, erwähnt in: Jacob Weyrauch, Robert Mayer, der Entdecker des Prinzips von der Erhaltung der Energie. Stuttgart 1890, S. 51–52
25 Friedrich Mohr: Allgemeine Theorie der Bewegung und Kraft als Grundlage der Physik und Chemie. Braunschweig 1869, S. 43
26 Max Planck: Das Prinzip der Erhaltung der Energie. Leipzig und Berlin 1908 (1887), S. 19
27 Die Neue Zeit, Revue des geistigen und öffentlichen Lebens. Stuttgart 1883, 1. Jg., S. 44
28 Ernst Mach: Grundlinien der Lehre von den Bewegungsempfindungen. Leipzig 1875, S. 4
29 ebd., S. 26
30 Ernst Mach: Die Geschichte und die Wurzel des Satzes von der Erhaltung der Arbeit. Prag 1872, S. 24 bzw. S. 55
31 Vladimir Lenin: Materialismo y empiriocriticismo. Montevideo 1966 (1908), S. 372
32 Jules Henri Poincaré: Les idées de Hertz sur la Mécanique, in: Revue Générale des Sciences, 8, S. 734–743, Sept. 1897
33 Brain Easlea: Witch-hunting, Magic and the New Philosophy, an Introduction to Debates on the Scientific Revolution, 1450–1750. Sussex 1980, S. 244
34 Anneliese Mater: Die Vorläufer Galileis im 14. Jahrhundert, Studien zur Naturphilosophie der Spätscholastik. Rom 1949, S. 154, 149, 15, 13
35 Ivan Illich: Genus. Reinbek 1982, S. 10

Ludolf Kuchenbuch:
Bäuerliches Genus im Frühmittelalter

Hinweise zur Lektüre:

Ivan Illich, Genus. Zu einer historischen Kritik der Gleichheit, deutsch von Ruth Kriss-Rettenbeck, Reinbek 1983
Ludolf Kuchenbuch, Bäuerliche Gesellschaft und Klosterherrschaft im 9. Jahrhundert. Studien zur Sozialstruktur der Abtei Prüm, Wiesbaden 1978 (S. 108ff. zur ‹geschlechtsspezifischen Arbeitsteilung›)
Pierre Riché, Die Welt der Karolinger, Stuttgart 1981 (die beste neuere Einführung in die Kulturgeschichte dieser Epoche)
Karin Hausen, Die Polarisierung der Gesellschaftscharaktere: eine Spiegelung der Dissoziation von Erwerbs- und Familienleben, in: Sozialgeschichte der Familie in der Neuzeit Europas, hg. v. W. Conze, Stuttgart 1976, S. 367ff.
Jacques LeGoff, Für ein anderes Mittelalter, Frankfurt/Berlin/Wien 1983 (Aufsätze zur Entwicklung der ‹Arbeit› im Mittelalter)
Waltraut Bleiber, Grundherrschaft und Markt zwischen Loire und Rhein während des 9. Jahrhunderts. Untersuchungen zu ihrem wechselseitigen Verhältnis, in: Jahrbuch für Wirtschaftsgeschichte 1982/III, S. 105–135 (zur Rolle von Geld und Austausch auf dem Land)
Il matrimonio nella società medievale (Settimane di Studio sull'Alto Medioevo), Spoleto 1977 (Kongreß-Akten zur Ehe im frühmittelalterlichen Europa)
Quellen:
Das ‹Sonntagsarbeitsverbot›: Monumenta Germaniae Historica, Capitularia, Bd. 1, S. 61 (789), Bd. 2, S. 190 (852).
Die Beschreibung von Mehring: Das Prümer Urbar (Publikationen der Gesellschaft für Rheinische Geschichtskunde XX/Rheinische Urbare, Bd. 5), hg. v. I. Schwab, Düsseldorf 1983, S. 181–87

Ein Hinweis: Seit Sommer 1984 gibt es ein Forschungsprojekt «Frauen in Spätantike und Frühmittelalter» an der FU Berlin. Kontakt für Interessierte: Prof. Dr. W. Affeldt/Friedrich-Meinecke-Institut, Habelschwerdter Allee 45, 1000 Berlin 33.

Zur Person:
Kuchenbuch, Ludolf, 45 Jahre, Historiker (mittelalterliche Geschichte), Konservator am Bayerischen Nationalmuseum
Adresse: BNM/Prinzregentenstr. 3, 8000 München 22

Die Autoren

Hans Christoph Berg, Dipl. Psychologe, geb. 1936, seit 1977 Professor für Schulpädagogik im Fachbereich Erziehungswissenschaften der Philipps-Universität Marburg.

Wolfgang Huber, geb. 1942, Dr. theol., Professor für Systematische Theologie (Sozialethik) an der Theologischen Fakultät der Universität Heidelberg; derzeit Präsident des Deutschen Evangelischen Kirchentags.

Ivan Illich, geb. 1926, studierte Geschichte, Philosophie und Theologie, war Rektor an der Universität Puerto Rico und Seelsorger in den New Yorker Slums. Seit 1964 im Center for Intercultural Documentation (CIDOC) in Cuernavaca (Mexiko). Seit 1979 auch Lehrtätigkeit an der Gesamthochschule Kassel und an der Universität Marburg.

Ludolf Kuchenbuch, geb. 1939, Studium der Geschichte, Germanistik, Philosophie; Habilitation 1983, (Lehrgebiet: Mittelalterliche Geschichte), seit 1984 Konservator am Bayerischen Nationalmuseum.

Stephan H. Pfürtner, geb. 1922, Dr. theol., Professor für Sozialethik für den Fachbereich Evangelische Theologie der Universität Marburg; davor Professor für kath. Moraltheologie.

Jean Robert lebt als freier Architekt in Cuernavaca, Mexiko.

Theo Schiller, geb. 1942, Dr. phil., seit 1973 Professor für Politikwissenschaft an der Philipps-Universität Marburg.

Dietrich Stollberg, geb. 1937, Dr. theol. Professor für Praktische Theologie an der Universität Marburg; Universitätsprediger. Schwerpunkte: Seelsorge, Pastoralpsychologie; Gottesdienst.

Die Entzauberung der Fortschrittsmythen

Bücher von IVAN ILLICH bei Rowohlt

«Werbung für Arkadien ist mir ebensowenig wünschenswert wie die Planung Utopiens. Durch vernakuläre Lebenskunst gestaltete Existenz betrachtete ich nicht als heile Welt, frei von Elend, Plage und Grausamkeit: ich werbe hier nicht für den Traum von neuen Hochkulturen, die in ihren ökologischen Nischen aus eigenem Reis, Rhythmus und Ritual gewoben werden sollen. Wer zurück will, den halte ich für einen Verführer, für den gerade in den achtziger Jahren weitere Kreise immer anfälliger werden.»

Ivan Illich: Vom Recht auf Gemeinheit

5343

5246

1763

4425

4629

4834

4829

5131

856/13 cle

Technologie und Politik

Das Magazin zur Wachstumskrise

Herausgegeben von Freimut Duve

aktuell rororo

Heft 5: **Kartelle in der Marktwirtschaft**
Mit Beiträgen von Bodenstein/Leuer/H. Brandt/H. Ostermeyer u.a. (4007)

Heft 15: **Die Zukunft der Arbeit 3**
Leben ohne Vollbeschäftigung? (4627)

Heft 16: **Demokratische und autoritäre Technik**
Beiträge zu einer anderen Technikgeschichte (4716)

Heft 18: **Grünes Bauen**
Ansätze einer Öko-Architektur. Herausgegeben und zusammengestellt von Ullrich Schwarz (4936)

Heft 19: **Schöne elektronische Welt**
Computer-Technik der totalen Kontrolle. Herausgegeben und zusammengestellt von Norbert Müllert (4937)

Heft 22: **Militarisierte Wissenschaft**
Herausgegeben von Werner Butte (5441)

4936

4937

C 2011/9

«Die große Vergiftung»

Kluge/Loeben-Furtwängler/Reichel/
Steinhilber-Schwab
Vergiftete Umwelt, gefährdete Kinder
«Die große Vergiftung» – Folge 4 (5023)

Uwe Lahl/B. Zeschmar
Kein Wasser zum Trinken
(5035)

Hans-Joachim Dohmeier/Erich Janson
Zum Töten von Fliegen und Menschen
«Die große Vergiftung» – Folge 3 (5132)

5543

5436

C 2139/2